꽃은 한을 먹고 핀다

권영숙(어미새) 스토리텔링집

꽃은 한을 먹고 핀다

세종출판사

| 머리말 |

나이가 들수록 하고 싶은 말이 많아지는 가 봅니다. 그래서 부지런히 쓰고 부지런히 읽으며 살아가고 있습니다. 무슨 글이든 글쓰기는 나의 숨 쉬기이며 살아가는 이유가 되었습니다. 젊은 시절에는 심지어 가계부를 쓸 때도 여백을 이용하여 그날그날의 심정을 고백하기도 했습니다. 더욱이 딸을 잃은 슬픔은 가계부든 어디든 닥치는 대로 쓰게 했습니다. 쓰지 않고는 견딜 수가 없었습니다.

그렇게 쓰다가 자식 잃은 슬픔을 『어미새』에 담아냈습니다.

그때부터 내 삶의 방향이 달라지고 말았습니다. 첫 시집 『어미새』가 나를 문단 세계로 내몰았습니다. 나는 계속하여 시를 쓰면서 시집 7집을 냈습니다. 그리고 양처럼 선한 여성들이 남편들에게 부당하게 당하고 사는 한의 이야기를 담은 장편소설 『양들의 분노』도 냈습니다. 그러므로 이번에 내는 스토리텔링 집은 아홉 번째 책이 됩니다. 수년 전부터 써서 모아둔 이 글은 여자들의 한에 대한 이야기가 중심입니다. 내 이야기도 있고 남의 이야기도 있고, 내가 직접 본 것도 있고 얻어 들은 것도 있습니다.

사람은 누구든 아파보지 않고는 그 고통을 느끼지 못합니다. 모든 것은 직접 겪어 보지 않고는 모릅니다. 나는 살면서 심신이 많이도 아팠고 많이도 힘들었습니다. 그렇게 허우적대며 살다가 나이를 먹었습니다. 나이를 먹자 옛일들이 이른 봄 새싹이 올라오듯 새록새록 돋아나기 시작했습니다. 이 글은 그런 것을 모은 것입니다. 그러나 이글은 아직 풋내 나는 풋과일에 불과합니다. 비록 모자라지만 나를 아껴주고 사랑해주는 소중한 분들에게 바칩니다.

누구보다도 나를 여기까지 이끌어주신 존경하는 선생님께 감사하다는 말씀을 드립니다. 그리고 이 기회에 사랑하는 나의 가족들에게도 고맙다는 말을 전합니다. 언제나 내 곁에서 보호자 노릇을 하는 하나 밖에 없는 아들에게 더더욱 고맙다는 말을 전합니다. 이제 귀뚜라미가 울음을 그쳤습니다.

곧 낙엽이 지고 흰 눈 내리는 겨울이 올 것입니다. 그때는 더욱 더 내 마음도 여물어지기를, 그래서 범사에 감사하는 삶을 살기를 소망합니다.

2019년 가을, 대연동 못골에서

어미새 권 영 숙

목차

한 많은 여인들

일제부터 시대를 건너온 한국 여자들은 한이 많았다. 넉넉하면 넉넉한 대로 부족하면 부족한 대로 저마다 가슴 속에 한이 쌓였다. 배운 사람은 배운 사람대로 못 배운 사람은 못 배운 사람대로 한을 안고 있었다. 무서운 일제가 끝나자 그들은 또 무서운 전쟁을 겪어야 했다. 지칠 대로 지친 세상은 도무지 평안을 주지 않았다.

세상이 아무리 험해도 산천에는 봄, 여름, 가을, 겨울 사계절이 어김없이 찾아왔다. 산새가 아름답기로 유명한 도목리는 더 아름다웠다. 경북 안동 월곡면(1974년 폐지) 도목리는 아름다운 산골 마을이었다. 도목리는 골 깊은 산골마을이지만 그 주변에서는 가장 큰 마을이었다.

도목리 주변에는 한 많은 여인처럼 골과 재가 많았다. 가래 골, 오미 골, 구미 골 등이 도목리를 중심으로 이루어져 있다. 또 도목리로 가자면 매봉재, 질재, 호고개를 넘어야 한다. '매봉재'는 도목에서 예안면 주진리로 넘어가는 고개로 지형이 매의 형상처럼 생겼다고 하여 매봉재라고 불렀다. '질재'는 도목에서 예안면 미질리로 넘어가는 고개이고, '호고개'는 구미에서 도목으로 넘어가는 고개이다. 구미九尾는 도목리 등 너머에 있는 마을이다. 도목에서 구미로 오고가는 길이 여러 짐승의 꼬리처럼 구불구불하다하여 구미라고 불렀다. 처녀들은 매봉재, 질재, 호고개를 넘어 시집을 갔는데 가래 골, 오미 골, 구미 골 처녀들은 모두 도목리로 시집가기를 바랐다.

산마다 꽃이 만발했다. 따뜻한 봄날 험준한 산길마다 하얀 찔레꽃이 아름다웠다. 아이들은 가시덤불을 헤치고, 찔레 순을 따 먹느라 정신이 없었다. 배가 고픈 아이들은 땅

찔레 대궁이가 빨갛게 올라오는 것을 똑똑 꺾어 허겁지겁 먹었다. 6. 25 한국전쟁이 쓸고 간 자리마다 기근이 들어 사람들의 얼굴은 누렇고 푸석푸석했다. 거친 얼굴마다 먹을 것을 구하기 위해 산과 들을 헤맸다.

도목 댁 역시 나물을 뜯기 위해 같은 도목리 여자들과 함께 산을 헤맸다. 도목 댁은 도목리에서 나고 자라 도목리로 시집을 갔으므로 도목 댁이라고 불렀다. 여자들 얼굴은 제대로 먹지 못해 모두 풀 먹인 배 옷처럼 거칠었다. 그해 전쟁이 났던 유월에는 살아난 것만 해도 감지덕지하여 얼굴 따위는 안중에도 없었다. 전쟁이 지나가고 나서야 서로서로 몰골을 바라보며 한숨을 쉬었다. 어른이나 아이들이나 모두 마른버짐이 얼굴 가득 피었다.

오미골 댁 섭이 엄마 얼굴은 누런 호박에 곰팡이가 핀 것처럼 부풀어 올라 도로공사를 하다 그만둔 것처럼 울퉁불퉁하고, 빨래를 짜다만 것처럼 보였다. 전쟁 통에 산에서 아기를 낳느라 미역국도 먹지 못했다. 좁쌀로 쑨 멀건 조당수만 먹은 탓이었다. 그녀는 시할아버지 시할머니를 모시고 살았다. 그래서 자기 몸 생각은 꿈에도 할 수 없었다. 멀건 나물죽으로 연명을 하면서 살아있는 것만으로도 다행이라고 생각했다.

도목 댁이나 섭이 엄마뿐만 아니라, 여자들은 모두 자기 자신보다 가족을 위해 산으로 나물을 뜯으러 다녀야 했다. 나물뿐만 아니라 땔감도 해야 했다. 남편들은 전쟁 중에 전사했거나, 소식이 없었다. 돌아온 사람들도 대부분 불구가 되어 가족을 먹여 살릴 수가 없었다.

불구가 된 남편들은 상이군인이라는 이름으로 마을을 돌아다니면서 동냥을 했다. 세상 사람들은 상이군인들을 곱게 보지 않았다. 온갖 천대와 멸시를 받아야 했다. 세상은 그들을 딴 나라에서 온 것처럼 여겼다. 갈고리가 달린 의수를 내밀면 사람들은 두려워하면서 거리를 두었다. 그럴 때마다 상이군인들은 억울해서 소리를 쳤다.

"당신 목숨 지켜주려고 이리됐어. 알기나 해!"

상이군인들은 천대를 받을 때마다 갈고리 의수를 뻗어 휘저으며 억울하다고 소리를 지르고 그럴수록 사람들은 상이군인들을 멀리했다. 그들은 결국 걸인이 아닌 걸인이 되어 전국을 떠돌며 가장 노릇을 하지 못한 미안함 때문에 가정으로 돌아가지 못했다.

엎친 데 덮친 격으로 돌림병이 창궐하여 집집마다 아이들이 하나 둘씩 죽었다. 도목 댁은 자식을 셋이나 잃었다. 자식을 잃은 엄마들은 돌아오지 않는 남편, 죽은 남편, 불구가 되어 어딘가를 떠도는 남편을 생각할 겨를이 없었다. 살아남은 자식들을 먹여 살려야 했다.

그래도 자식 잃은 슬픔은 가장 힘든 슬픔이었다. 여자들은 울다가 목이 쉬어 말조차 나오지 않았다. 나물을 뜯어야 하고, 땔감을 해야 하지만 울기 위해서라도 산을 찾아가야 했다. 이 설움 저 설움을 안고 산에 가면 목 놓아 울 수 있었다. 여자들은 서로 하소연을 나누면서 나물을 뜯고 땔나무를 했다. 기쁨은 나누면 배가 되고, 슬픔은 나누면 가벼워진다는 말대로 산은 서로 슬픔을 나누는 장소가 되었다. 한 손에는 낫을 들고 한 손에는 새끼줄 뭉치를 들고 산자락에 앉아 통곡하는 여자들은 서로서로 위로하며 슬픔을 나누고 나면 조금 숨을 쉴 것 같았다.

땔감으로 청솔가지만한 것이 없었다. 나라에서 소나무를 보호한 탓에 불법이었다. 그래서 여자들은 몰래 청솔가지를 찍어 내렸다. 큰 것, 작은 것이 수북이 모이면, 큰 가지는 밑에 깔고 작은 가지는 가운데에 차곡차곡 쌓고 그 위에 다시 큰 가지를 덮어 두 발로 버티며 꽁꽁 단을 묶었다. 먹지 못한 허리는 개미허리가 되고 일은 힘이 겨워 숨이 턱밑까지 차올랐다. 손등은 찢어져 피가 흐르고 얼굴은 할퀴어 쓰라려도 아픔이 느껴지지 않았다.

여자들은 굶주린 배가 들어갈 대로 들어간 허리를 어렵게 펴며, 산 능선에서 나뭇단을 아래로 굴렸다. 무거운 청솔가지 나뭇단을 움직일 힘이 없어 늘 그렇게 했다. 나뭇단을 아래로 굴려놓은 여자들은 곧은 솔가지를 꺾어 솔잎을 뜯어내고 소나무 속살로 허기를 달랬다.

그날도 그것으로 허기를 달래고 나자 누군가 슬픈 곡조로 신세를 한탄하는 노래를 불렀다. "울 어매 어쩌다 날 낳았는가, 울 아베 뭐 하러 날 낳았는가"라고 한 소절을 부르자 또 누군가가 "보고지고, 보고지고, 낭군님이 보고지고, 우리 낭군 간데없고 세월만 흘러가네. 이네 팔자 뒤

웅박 팔자 서러워 어찌 살고."라고 더 슬프게 노래를 부르자 여자들이 모두 슬픈 목소리로 따라 불렀다. 아무리 살기가 어려워도 남편이 그리운 탓이었다.

여자들은 그렇게 노래를 부르고는 이것저것 열매를 따먹으면서 산 아래로 내려왔다. 있는 힘을 다해 나무를 이고 집으로 와 헛간에 차곡차곡 김장 배추를 쌓듯이 차곡차곡 채워 넣었다. 그리고는 호롱불을 켠 어둑한 부엌에서 멀건 콩죽을 끓여 물을 마시 듯 먹으면 하루가 암흑 속에서 지나갔다.

전쟁이 끝난 후 산들은 모두 불타버리고 말았다. 벌거벗은 산은 땔감도 마음대로 할 수가 없게 되었다. 나라에서는 그나마 남아 있는 나무를 지키기에 안간힘을 썼다. 그런가하면 사람들은 땔감을 구하러 산을 헤맸다. 나라에서 산마다 땔감을 하지 못하도록 산을 지키는 산간수를 두었다. 그래도 사람들은 몰래 나무를 해야 끼니를 끓여 먹을 수 있었다. 나무를 하려는 사람들과 산간수가 숨바꼭질을 했다. 산간수들이 산을 지키고 있어 마음대로 나무를 할 수가 없었다. 그래서 여자들은 주로 해가 질 무렵이면 산으로 갔다. 산간수가 퇴근한 시간을 이용한 것이었다. 고요한 저녁 시간에 나무 찍는 소리가 산을 울렸다.

통이 큰 도목 댁은 톱까지 가지고 다니면서 작은 소나무를 통째로 베어 중간 중간을 잘라 솔가지 사이사이에 넣어 묶었다. 옆에 있던 여자들이 깜짝 놀랐다.

"그러다가 산간수에게 들키면 징역을 살아야 한다는데?"

산간수에게 들키는 날엔 징역살이를 해야 했다. 그래서 여자들은 아무도 그런 일은 꿈도 꾸지 못했지만 도목 댁은 달랐다.

"징역살이? 하나도 겁 안 난다."

도목 댁은 겁날 것도 없다고 생각했다. 지금도 살아 있는 것인지, 꿈을 꾸고 있는 것인지 알 수 없었다. 아들을 셋이나 산에 묻고 남편마저 행불자가 되어 버린 처지였다.

"내 아들 셋이 산간수이다. 내 아들 셋이 산에 묻혀 이 산을 지키고 있는데 어느 놈이 나를 잡아 간단 말이야!"

도목 댁은 갑자기 산이 떠나가라 하고 소리쳤다. 울화가 치밀어 오르고 가슴이 답답해지면 그렇게 한 번씩 큰소리를 질러야 숨을 쉴 수 있었다. 도목 댁은 날마다 나무를 해

쌓았다. 땔감도 땔감이지만 나무를 하는 것은 아들 삼형제를 보러가는 것과 같았다.

한바탕 소리를 질렀지만 도목 댁은 그래도 가슴이 먹먹했다. 폭포수 같은 울음이 솟구치는 것을 참으며 함께 나무를 하러온 여자들에게 나무를 마음껏 베도 된다고 했다.

"당신들도 산에 묻혀 있는 우리 세 아들을 믿고 나처럼 나무를 베어도 돼. 통나무 숯 만들어야 겨울을 살지."

그래도 다른 여자들은 엄두를 내지 못했다. 평소대로 그냥 청솔가지만 찍어 단을 묶었다.

여자들은 늘 하는 대로 높은 곳에서 아래로 나뭇단을 굴러 내렸다. 나뭇단이 굴러 내릴 때마다 머리통만한 돌멩이들이 함께 곤두박질치며 굴렀다. 산 아래 있던 칠복이 엄마가 굴리온 돌멩이에 맞아 발목 복숭아 뼈를 다쳐 피가 흘렀다. 발목뼈가 허옇게 들어나 있었다. 여자들이 걱정을 했다. 도목 댁이 황토 흙을 발라 지혈을 시킨 다음 칡잎으로 덮어 정성껏 싸매 주었다. 칡잎이 넓어서 붕대 역할을 했다. 칠복이 엄마는 끙끙 앓으며 눈물을 흘리고 여자들도 모두 같은 마음으로 아파했다. 칠복이 엄마가 그런 상태로 집에 돌아오자 시어머니가 시커먼 된장을 떠다 꾹 눌러 붙이고 무명천으로 싸매주었다. 상처는 덧나다가 낫다가 하다가 결국 칠복이 엄마는 발을 제대로 쓰지 못하는 불구가 되고 말았다.

단을 쌓아놓은 솔가지는 겨울 내내 노랗게 잘도 말랐다. 아궁이에 불을 때면 그윽한 솔향기가 가슴속으로 스며들어 아픔을 치료해주었다. 여자들은 솔가지가 타는 냄새에 휩싸여 생각에 잠기기도 하고 눈물을 흘리기도 하면서 스스로 상처를 달랬다. 그래서 날마다 산에 올라 솔가지를 찍어 날랐다.

도목리는 소백산을 마주보고 있는 곳이라 칼바람이 무섭게 불었다. 전쟁으로 대한민국 산천이 대부분 불탔지만 월곡면 주위는 그나마 산새가 살아남았다. 아름답다는 도목리는 여자들만큼이나 많은 시련을 겪었다. 지금은 예안면에 속해 있지만 조선시대에서 일제를 거쳐 오늘날에 이르기까지 수많은 곡절을 겪어야 했다.

도목리는 산천이 아름다워 마치 무릉도원 같고, 복숭아

나무가 많은 곳이라 하여 도목桃睦 또는 도목촌이라 불렀다. 전해오는 말에 의하면 어떤 점쟁이가 마을 주위에 복숭아나무가 있으면 해롭다고 하여 도목촌으로 이름을 바꾸었다고 한다.

한편으로는 길道자를 써서 도목道睦이라고도 하는데 조선 시대에 군위훈도軍威訓導에 천거된 영양인英陽人 남첨南襜 선생이 이곳 산수의 아름다움에 반하여 와룡면 주촌에서 이곳으로 와 정착했고, 선생이 후진들을 가르쳤던 장소를 기려 후손들이 8칸의 정사精舍를 지은 뒤 편액을 '도목정사道睦精舍'라 한데서 유래한 것으로 전해오기도 한다.

도목리는 조선시대에는 임북면에 속해 있었는데 1914년 행정구역 개편에 따라 신기리와 동후면의 구미동, 신기동의 일부를 병합하면서 도목동이 되었다. 그러다가 1934년 행정구역 변경에 따라 안동군 월곡면에 편입되었다.

세월이 흘러 현대로 들어와 1973년 안동댐이 건설되면서 마을 일부가 수몰되었다. 1974년 안동댐 건설로 결국 월곡면이 폐지되자 이번에는 안동군 예안면에 편입되었다. 그리고 다시 1995년 1월 1일 안동군과 안동시가 통합

되면서 안동시 예안면 도목리가 되었다.

재가 많은 도목리의 겨울은 유난히 추웠다. 소백산을 넘어온 칼바람이 밤이면 사정없이 마을을 휘저었다. 문풍지가 신이내린 듯이 팔팔 떨며 요란스럽게 소리를 냈다. 창호지 한 장으로 바람을 막는 방문이라 방안에 있는 물그릇이 꽁꽁 얼어 빙판 호수를 만들었다. 평창 동계올림픽 때 피겨스케이팅 선수 김연아가 올림픽 성화를 점화하기 전에 얼음위에서 나비처럼 날며 아이스쇼를 했던 것처럼 아이스쇼를 해도 손색이 없을 만큼 얼어붙은 얼음물 그릇이 방안에 놓여 있었다. 부엌 행주는 소 뼈다귀처럼 뻣뻣하게 얼었다.

도목 댁은 통나무 숯불이 있어 견딜 수 있었다. 그것을 화로에 담아 방안의 훈기를 만들었다. 도목 댁은 그 불기를 혼자만 누리지 않았다. 글을 배우러오는 여자들과 함께 했다. 도목 댁은 일제 때 여고를 나왔다. 다른 여자들은 소학교 문턱도 밟아보지 않아 모두 일자무식이었다. 그녀들에게 도목 댁은 저녁마다 글을 가르쳤다. 아무리 배가 고프고 아무리 현실이 비참해도 사람에게 가장 서러운 것은 글을 모른 것이었다. 글을 모르면 남에게 속아 살아야 한다는 것을 도목 댁은 잘 알고 있었다. 일제 강점기를 살아낸 도목 댁은 그런 일을 많이 봤기 때문이었다.

일본 여자들이 못 배운 한국 여자들을 업신여겼다. 물건값부터 시작하여 무엇이든지 속였다. 글을 모른 한국 여자들은 일본인들 일을 해주고도 제대로 돈을 받지 못했다. 셈을 할 줄 모른 탓이었다. 도목 댁은 그녀들이 한없이 불쌍했다.

"사람은 배워야 산다고 했다. 아는 것이 힘이라고 했어. 굶어죽는 한이 있어도 글을 알아야 사람구실 하는 법이야."

도목 댁은 『상록수』 소설로 유명한 심훈 소설가의 말을 인용하면서 여자들에게 배움을 강조했다.

심훈의 장편소설 『상록수』는 일제 때인 1935년 동아일보사가 창간 15주년기념 장편소설 특별 공모에 당선 된 소설이다. 그리고 같은 해 9월 10일부터 1936년 2월 15일까지 『동아일보』에 연재되어 전국적으로 큰 인기를 끌었다.

1930년대 우리나라 농촌은 일제의 수탈로 모두 극빈자가 될 지경으로 어려워졌다. 이것이 심각한 사회 문제로 떠오르게 되자 나라가 온통 농촌 문제로 고민했다. 이때 신문사가 농촌계몽운동을 전개하고 나섰다. 조선일보에서는 문맹퇴치 운동을 벌였고, 동아일보는 브나로드(민중 속으로) 운동을 벌였다. 이런 농촌 운동을 대표한 작품이 심훈의 장편소설 『상록수』와 이광수의 장편소설 『흙』이었다.

심훈의 상록수 내용은 고등농업학교 학생인 박동혁과 여자신학교 학생인 채영신이 주인공이다. 두 사람은 신문사가 주최한 학생농촌계몽운동에 참여했다가 우수 모범 대원으로 선정되면서 서로 알게 된다. 두 사람은 학업을 중단하고 고향을 지키기 위해 내려가기로 약속한다.

박동혁은 고향 한곡리로, 채영신은 기독교청년회연합회 특파로 경기도 청석골로 내려가 농촌사업의 기초 작업에 들어간다. 두 사람은 서로의 형편과 사업 진행 과정을 편지로 주고받으면서 열심히 농촌을 위해 봉사한다. 그러는 가운데 두 사람은 서로 사랑하게 된다.

채영신은 농촌에서 야학을 열어 자기 이름도 못 쓰는 사람들을 가르친다. 부녀자들뿐 만아니라 장정들도 모여든다. 이때 채영신은 "아는 것이 힘이다. 배워야 산다." 구호를 사람들에게 복창하게 했다. 야학은 밤마다 가장 먼저 아는 것이 힘이다 배워야 산다는 구호를 힘차게 외치며 배웠다.

두 사람은 결혼하기로 약속하지만 역경에 휘말리게 된다. 채영신은 과로와 영양실조로 맹장염을 일으켜 쓰러지고 만다. 또 박동혁은 악덕지주 강기천의 농간에 휘말려 감옥살이를 하게 된다. 건강을 어느 정도 회복한 채영신은 서울 기독교 연합회의 주선으로 요코하마로 정양 겸 유학을 떠났다가 돌아온다.

채영신은 다시 농촌에서 봉사를 하게 되지만 각기병과 맹장염이 재발하면서 죽고 만다. 한편 출감한 박동혁은 채영신의 죽음 앞에 울면서 채영신 몫까지 해낼 것을 다짐한다.

이 작품은 농촌 계몽운동이 중심을 이루고 있으면서 사

랑과 봉사정신, 그리고 정의와 불의를 보여준다. 자기 자신의 성공을 뒤로 미루고 먼저 민족의 운명을 위해 희생적인 봉사를 한 것이다. 그리고 친일파의 비인간인 행태를 보여주기도 한다. 결론적으로 이 작품은 일제의 수탈에 대한 저항정신과 기독교희생정신을 보여주었다.

도목 댁은 글을 모른 여자들이 심훈의 소설 『상록수』를 읽었을 리 없다는 것을 알고 먼저 문제의 소설부터 읽어주었다. 여자들은 채영신이 죽자 모두 눈물을 흘리면서 안타가워 했다.

"꽃다운 처녀가 무식한 사람들 때문에 죽다니!"

"무식한 사람들 때문이 아니라 일본 놈들 때문이지."

"그렇지, 내가 그때 이 나이를 먹었더라면 괭이를 가지고 가 일본 놈들 대갈통을 다 부숴버렸을 거야. 어휴 분통 터져!"

도목 댁을 통해 상록수를 읽고 난 여자들은 너도나도 배우겠다고 나섰다. 사실 처음에는 도목 댁이 배움을 강조했지만 자기네들끼리 수군거렸다. 밤이면 파김치가 되어 잠자기도 바쁜데 공부는 무슨 공부냐면서 선뜻 나선 사람이 없었다. 어떤 여자는 도목 댁을 향해 “자기는 그래도 있는 집에 태어나 배웠으니까 하는 소리지. 우리가 이 나이에 배워서 어디다 써먹는다고.”라며 도목 댁이 사치스러운 말을 한다고 불평을 하기도 했다.

그런데 싹 달라지고 말았다. 글을 모르는 여자들이 도목 댁에게 배우기 위해 모였다. 어설프게 약간 아는 여자들도 배우겠다고 나섰다. 밤마다 등잔불을 켜 놓고 도목 댁은 글을 가르치고 여자들은 한 자 한 자 한글 공부를 하기 시작했다. 삐뚤삐뚤한 글씨는 초등학교 일학년보다 못했다. 한 획을 그을 때마다 여자들은 산에서 청솔가지 찍어 내리는 것보다 더 힘들다며 심호흡을 토해내곤 했다.

“공부가 이렇게 힘든 줄 몰랐구만. 꼼짝도 안하고 앉아서 그놈의 글자를 쓰자니 사람 주리가 틀려 살겠는가?”

“누가 할 소리, 내사 산에 가서 나무하고 말지 이 짓은 못하겠어.”

“그럼 평생 지 이름자도 못 쓰고 살 거야? 잔말 말고 죽을힘을 다해 배워.”

여자들 가운데는 더러 포기하고 싶은 사람들도 있었다. 그럴 때마다 동료여자들이 그들을 추슬렀다. 결국 포기하고 싶은 마음이 굴뚝같은 여자들도 억지로 참고 견디면서 점점 한글을 알아가기 시작했다. 그때서야 여자들은 눈뜬 장님으로 살아온 세월을 억울해 했다.

"지금까지 까막눈으로 살아온 세월을 생각하면 기가 막혀, 안 그런가 모두?"

"그걸 말이라고, 나는 밥 먹고 뒤보는 시간도 아까워서 어쩔 줄 모르는데."

"처녀시절에 여름마다 야학 선생님들이 그렇게 나오라고 통사정 할 때 왜 다니지 않았는지, 땅을 치고 통곡하고 싶어. 그때 배웠더라면 나는 훨훨 날아다닐 텐데."

"무슨 소릴, 그때 부모들이 다 큰 처자가 총각 대학생들이 가르치는 야학에 나간다고 몽둥이 들고 설쳤는데."

"지금이라도 배우게 된 걸 감지덕지해야지."

"이게 다 도목 댁 덕이니 우리가 도목 댁 은혜를 생각해서라도 열심히 배워야지."

"암, 그래야 하고말고. 나는 이제 누가 뜯어말리면 그 사람 평생 원수 삼을 것이네."

자기 이름도 못 쓰는 여자들은 아들딸 이름도 쓰게 되고 친구들 이름도 쓰게 되면서 가장 먼저 친정집에 편지를 부쳤다. 6. 25 전쟁이 끝 난 후에 우체국에서는 편지를 검열을 해가면서 전해 주었다. 그래서 집배원이 편지를 배달하면서 편지를 읽어주는 것이 일상적인 일이었다. 여자들이 친정으로 부친 편지를 읽어줄 때마다 친정 부모들이 반가워서 울었다. 울면서 과거에 딸자식이라고 일만 부려먹고 학교에 보내지 않았던 것이 미안해서 울었다.

밤마다 도목 댁 집은 여자들로 가득 찼다. 호롱불에 심지를 돋우어 책을 읽고 글을 썼다. 그렇게 밤이 흘러가고, 호롱불 밑에 바싹 머리를 들이밀어 공부를 하는 탓에 머리카락이 호롱불에 타는지도 몰랐다. 지지지하는 소리와 함께 머리 타는 냄새가 퍼졌다. 마치 개를 잡아 털을 장작불에 그슬리는 것처럼 누런 내가 방안을 가득 채웠다. 뿐만 아니라 석유냄새에 속이 매스꺼워도 누구 한 사람 불편한 내색을 보이지 않았다.

그렇게 공부를 하다가 여자들은 고구마를 화롯불에 구워 먹었다. 고구마를 먹고 나면 입 주위와 이가 검게 변했다. 서로 입이 검어졌다고 손가락질을 했다. 서로 자기 입이 검은 줄은 모르고 남의 입 검은 줄만 알았다. 그러다가 자기 입도 검은 것을 알고는 "등잔 밑이 어둡다"면서 자기 자신을 알지 못한 것이 얼마나 한심한지를 깨닫기도 했다.

그렇게 희미한 등잔불을 가운데 두고 둘러앉아 글을 배우는 재미가 날이 갈수록 희망으로 변해 갔다. 입은 검어도 먹고 사는 일은 힘들어도 배움의 눈빛은 밤하늘의 샛별처럼 초롱초롱 빛이 났다. 그렇게 열심히 공부를 하다보면 검어진 게 또 있었다. 아침에 일어나면 호롱불 그을림에 코 속이 석탄 땐 기차가 굴을 지나간 것처럼 검었다. 배 수건으로 코 속을 닦아낼 때마다 숯검정 같은 시커먼 그을림이 묻어나왔다. 그것은 배운다는 증거였고 희망의 길이었다.

도목 댁은 "사람에게는 살아가는 목적이 있어야 한다." 고 했다. 목적이 있어야 오늘보다 내일이 더 나아질 수 있고 내일보다 모래가 모래보다 그 모래가 더 나아질 수 있다고 했다. 그런데 지금까지 살아온 것처럼 목적도 없이 그날그날을 되는대로 살다보면 희망이 없는 불행한 삶을 살 수밖에 없다고 강조했다.

도목 댁은 또 한 가지 연구를 했다. 여자들이 같은 값이면 옷도 색깔고운 것을 입는 것이 희망적이고 발전적이라는 생각이 들었다. 그래서 염색 일을 시작 했다. 지금까지 흰 저고리에 검정치마만 입고 살아온 우리나라 여자들도 색깔 고운 옷을 입어야 한다고 생각하면서 명주 천에 색색이 고운 물감을 들였다.

도목 댁이 염색을 하여 빨랫줄에 널면, 마당에는 마치 만국기를 걸어놓은 것처럼 색색의 아름다운 명주 천이 바람에 휘날렸다. 동네 여자들뿐만 아니라 여자라면 모두 그걸 보고 가슴이 설랬다. 곱게 물든 명주천은 두 배 정도 값을 더 받고 팔았다 워낙 섬세하게 일을 잘한 탓에 소문이 퍼져 일감이 쑥쑥 늘어갔다. 일간이 늘어날수록 수입이 늘어갈 것은 당연한 일이었다.

도목 댁은 고도의 기술이 필요한 땡땡이 무늬도 만들어냈다. 명주 천을 정확하게 실로 꼭꼭 매어서 색 물이 들어가지 않게 조심스럽게 물을 들여야 했다. 밤잠도 자지 않고 한 점 흐트러지지 않게 정성을 모아 물을 들였지만 실패를 수없이 거듭한 끝에 도목 댁은 추종을 불허 할 정도로 실력을 쌓았다.

염색으로 돈을 번 도목 댁은 미제 재봉틀을 구입했다. 발로 발판을 앞뒤로 밟으면 둥근 동태가 줄을 타고 돌아가며 옷을 박음질하는 최신식 값비싼 재봉틀이었다. 여자들이 앞 다투어 모여들었다. 자르르, 자르르, 박음질하는 소리가 신기해 모두 눈이 휘둥그레졌다. 여자들은 천을 가지고 와 도목 댁에게 옷을 만들어달라고 했다. 도목 댁은 여자들이 가지고 온 천에 곱게 물을 들여 옷을 만들었다.

도목 댁은 여자들에게 옷 만드는 기술을 가르쳐주면서 함께 옷을 만들었다. 단오 날, 추석날, 설날이 되면 동네 여자들이 몰려들어 옷 만들기에 바빴다. 서로 경쟁을 하듯 아이들 옷부터 시작해 가족들 옷을 만들었다. 나중에는 서로 더 예쁜 옷을 만들고 싶어 가지각색으로 디자인을 하기도 하고, 만든 옷을 자랑했다. 자르르, 자르르, 재봉틀 돌아가는 소리와 윗실, 밑실이 돌아가는 소리가 어울려 음악처럼 아름답게 들렸다.

도목 댁은 동네 여자들에게 글을 가르쳐주고 옷 만드는 것까지 가르쳐 주자 동네에서 배운 사람은 역시 다르다며 도목 댁을 존경했다. 염색을 하고 옷을 만들어 팔면서 돈을 번 도목 댁은 자기 돈으로 옷감을 떠다 가난한 집 아이들에게 옷을 만들어 주기도 했다. 그러자 동네 여자들도 가만히 있지 않았다. 밀농사를 지어 고운 가루는 제사 때 쓰려고 따로 보관해 두고, 비록 밀기울에 김치를 넣고 끓인 것이지만 정성껏 도목 댁을 대접했다. 그때마다 여자들은 함께 모여 밀기울 김치죽을 나누어 먹으면서 노래를 불렀다. 노래도 도목 댁이 가르쳐 준 것이었다.

여보, 여보, 거북님
이내 말 좀 들어 보오
천지간 동물들이 네 발가지고
만물이 내 것인들 무엇 하리요

초록포장 둘러치고 역마차는 달린다
이 거리 저 거리 간다간다
등불을 밝히고 역마차는 달려간다

여자들은 노래에 홀린 듯 빠져들었다. 도목 댁에게 이것저것 배우기 위해 도목 댁 집에 모여 집안일을 해주었다. 빨래도 하고, 청소도 하면서 배웠다. 그 시간에 도목 댁은 여자들 옷을 만들어주거나 떨어진 옷을 예쁘게 수를 놓듯이 기워 주었다. 천에 꽃모양, 새 모양, 나뭇잎 모양 등등 도안을 그려 천위에 얹어 놓고 그 밑에 먹지를 깔고 인찰지를 덮어 골 팬으로 그려서 곱게 기워냈다. 그러면 모두 좋아서 어쩔 줄 몰랐다.

산에서 굴러온 돌에 맞아 발목 복숭아 뼈가 부셔진 칠복이 엄마는 다리를 절었다. 뼈가 보이도록 다친 발을 병원에 가지 않고 된장만 발랐던 탓이었다. 된장만 바른 게 아니라 담뱃대에서 꺼낸 독한 댓진을 바른 탓에 발목뼈가 완전히 망가지고 말았다.

도목 댁은 다리를 저는 칠복이 엄마를 불쌍하게 여겨 늘 챙겨주었다. 그랬더니 칠복이 엄마도 다리를 절면서 도목 댁에 자주 나타났다. 봄이 되자 불편한 몸인데도 불구하고 쑥 털털이를 쪄서 가지고 왔다.

그런데 여자들이 여럿이 모이다보면 말을 잘못하는 사

람도 생기는 법, 쑥 털털이를 샛바람에 개 눈 감추듯이 먹어 치운 여자들이 칠복이 엄마에게 고마워했다. 그 끝에 순남이 엄마가 칠복이 엄마에게 "다리는 절어 병신육갑을 해도 쑥 털털이 하나는 최고"라고 했다.

순남이 엄마 말이 떨어지자마자 칠복이 엄마는 닭똥 같은 눈물을 뚝뚝 흘렸다. 눈물이 볼을 타고 줄줄 흘러내렸다. 그렇지 않아도 다리를 절어 슬픈데 상처 난 가슴에 소금을 뿌려준 격이었다. 여자들이 숨죽인 듯 조용해졌다. 순남이 엄마는 생각 없이 한 말이었다. 아픈 몸으로 쑥 털털이를 잘 했다는 칭찬을 한다는 것이 그만 상처를 준 것이었다.

순남이 엄마는 칠복이 엄마의 눈에서 뚝뚝 떨어지는 눈물을 보고 가슴이 철렁 내려앉았다. 분위기가 싹 바뀌고 말았다. 모두가 죄인이 된 기분으로 칠복이 엄마를 위로하고 달래기에 바빴다

"칠복이 엄마, 이게 다 정이 많은 탓이다. 서로 어려운 사이면 그런 말을 하겠나. 너그러이 이해해라. 순남이 엄마가 너를 칭찬한다는 게 그만 그리 된 것 아이가."

"그래, 순남이 엄마 저게 마음이 착한 사람인데 한 번씩 가다가 말을 생각 없이 한다 아이가."

눈물을 흘리던 칠복이 엄마도 곧 웃으며 분위기를 되돌렸다. 여자들은 기회다 싶어 재빨리 분위기를 바꾸었다.

"칠복이 엄마 노래나 한 곡 뽑아 보거라."

"맞다, 칠복이 엄마 노래 들어본지도 참 오래 됐다."

칠복이 엄마는 잠시 머뭇거리더니 노래 부를 태세를 갖추었다. 고향이 북쪽인 칠복이 엄마는 눈을 지그시 감고는 "한 많은 대동강아"을 불렀다.

한 많은 대동강아, 변함없이 잘 있느냐
모란봉아 을밀대야, 네 모양이 그립구나
철조망이 가로막혀, 다시 만날 그때까지
아 소식을 물어 본다, 한 많은 대동강아

대동강 부벽루야, 변함없이 잘 있느냐
귀에 익은 수심가를, 다시 한 번 불러본다
편지 한 장 전할길이, 이다지도 없을 소냐
아 썼다가 찢어버린, 한 많은 대동강아

도목 댁과 딸

도목 댁은 아들 셋을 땅에 묻었지만 딸 둘에 아들 하나가 더 있었다. 큰딸 영희는 눈이 크고 갈색을 띤 곱슬머리에 흰 피부를 가졌다. 학교에서도 인기가 있어 반장을 했다. 전교회장도 했다. 일본 선생님이 도목 댁을 불러 영희를 자기 아들과 결혼시켜서 사돈을 맺자고 했다. 그런 말을 들은 도목 댁은 가게 심부름을 시킬 때도 늘 남동생을 동행시켰다. 일본의 압박이 몸서리쳐 지는데 그런 말을 듣고 부터는 날이 저물면 삽짝을 철통 같이 잠갔다.

누가 보아도 영희는 아름다웠다. 서양 처녀들처럼 살결이 희고 키도 컸다. 둘째 딸 자영이는 인형처럼 예쁘지만 성미가 조금 까다로웠다. 누구에게 지기 싫어하고 잘 토라졌다. 그래도 싹싹할 때는 물이 많은 참배처럼 시원하게 풀어졌다. 몸이 약한 자영이는 바람만 불면 감기를 달고 살아 방문도 마음대로 열지 못했다. 그래서 언제나 모자를 씌워 업고 다녔다. 몸이 약한 아이들이 성격이 까다로운 법이라며 도목 댁은 자영이를 혼내기보다 늘 안쓰럽게 여겼다.

어느 날 도목 댁이 자영이를 업고 잠시 외출했다 돌아왔다. 그런데 큰딸 영희가 일본인 아이들과 조선 아이들을 집에 모아놓고 머리를 깎아주고 있었다. 돈이 없어 이발소에 가지 못한 한국 아이들과 돈이 있지만 한국 아이들과 친해지고 싶은 일본 아이들이 모였다. 앞머리를 너무 높이 올려붙였고 쥐가 뜯어먹은 것처럼 울퉁불퉁했다. 바가지를 씌워놓은 것 같았다. 이마가 훤히 드러나 있고 뒷목덜미는 아이들마다 피가 묻어 있었다.

영희는 전교회장을 한 탓에 아이들이 모두 복종을 하듯 살을 베이고도 울지 않았다. 옷에 머리카락이 박혀 꾹꾹

찔러도 불평하는 아이가 없었다. 영희는 성격이 시원시원해 친구가 많았다. 영희는 일본 아이들에게 머리를 깎다가 살을 베었다는 말을 집에 가서 말하지 않기로 굳게 약속을 받아냈다. 아이들은 절대 말하지 않겠다는 다짐을 보이듯 매우 진지한 눈빛으로 하이, 하이, 하면서 집으로 돌아갔다.

그런 내막을 모른 도목 댁은 겁이 났다. 뜬눈으로 밤을 세웠다. 날이 밝으면 일본사람들이 쳐들어올 것만 같아 가슴이 떨렸다. 그런데 다행히 하루가 지나고 이틀이 지나가도 찾아오는 일본사람은 없었다. 영희는 일본 아이들 피가 난 곳에 옥도정기를 발라 보냈다. 그랬는데도 아무런 항의가 없었다. 영희를 따르는 일본 아이들이 입을 꼭 닫고 있는 탓이었다.

세월이 흘러 큰딸 영희는 일본에서 유학을 하고, 서울 S 대학교병원 해부학 박사가 되었다. 그리고 사법고시에 합격한 남편을 만났다. 어른들은 의사가 된 그녀를 일러 어릴 때부터 면도칼로 아이들 뒷머리에 상처를 내가면서 머리를 자르며 연습한 탓이라고 했다. 그녀는 안동 김 씨 양반 댁 며느리가 되었다. 판사 남편보다 집안일에 판결을 더 잘 내린다고 집안 어른들이 입을 모았다.

그녀는 종손으로 일 년에 스물아홉 번 재사를 차려야 하고, 자자손손 몇 대 손 몇 대 누구의 딸과 며느리를 손꼽을 정도로 다 헤아렸다. 능숙하게 아랫사람을 잘 다독거리며 집안의 큰일을 척척 해결해 나갔다. 집안에서도 모두 집안을 잘 관리하는 박사라고 불렀다. 직업만 해부학 박사가 아니라 종손으로서 무슨 일이나 척척 처리를 어려움 없이 해결을 잘 한 탓에 척척박사라고 했다.

그녀는 인정도 많았다. 집안의 어려운 친척들에게 생활비도 보태주었다. 어려운 사람일수록 더 깎듯이 배려해 주었다. 집안 어려운 학생들에게는 남몰래 학비도 보내주었다. 그렇게 집안을 돌보아 주었는데 나중에 그들이 공부하여 박사가 나오기 시작했다. 그리고 대소사간에 모이는 날이면 집안에 박사가 많아져 박사 종친회 같다고, 동네사람들이 부러워했다.

영희의 그런 생활 태도는 어머니 도목 댁의 철저한 교육을 받고 자란 탓이었다. 도목 댁은 거지가 구걸하러 왔을 때, 더러 밥이 없을 경우도 있었다. 그럴 경우에는 물에 간장을 타서 참기름과 파를 송송 썰어 넣어줄망정 그냥 보내는 일이 없었다. 도목 댁은 자식들에게 아무리 없어도 나보다 더 없는 사람을 배려하고 생각할 줄 아는 마음을 가르쳤다. 더욱이 배가 고픈 사람이 밥을 달라고 하면 무엇이든지 꼭 먹여서 보내라고 했다. 고무줄이나 수세미를 팔러 오는 사람에게는 내가 아무리 어려워도 뭐든 하나라도 사주라고 했다.

신발을 벗으면 가지런히 모아 놓아야 하고, 남의 집에 가서는 주인보다 먼저 수저를 드는 것이 아니며, 어른이 먼저 수저를 들고나야 수저를 들것이며, 기침을 할 때면 손으로 입을 막고 뒤로 돌아서 할 것이며, 배가고파도 허겁자겁 먹지 말아야 한다고 했다.

밥상 앞에서는 다리를 가지런히 모으고 앉아 감사함을 표하고, 입에서 밥알이 보이지 않게 먹어야 하고, 밥을 입에 넣고 말하지 말아야 하고, 남의 집 화장실에 함부로 들어가지 말 것이며, 내가 맛있는 반찬은 다른 사람들도 맛있는 것이니 먹고 싶다고 함부로 먹지 말아야 하고, 누가 선물을 주면서 고르라고 하면 다른 사람들이 다 고른 후에 남으면 가져야 한다고 했다. 나누어 먹을 것이 있으면 크고 좋은 것은 남에게 먼저 먹게 해야 하고. 집안에 들어오면 외출한 옷을 옷걸이에 반듯하게 걸고 집에서 입는 옷으로 갈아입고 외출신은 신장에 깨끗하게 닦아 넣어둬야 한다고 가르쳤다. 그리고 필요 없는 물건을 버리려고 하면 도목 댁은 "그것을 집에 둔다고 하여 집이 무겁다고 하지 않으니" 버리지 말고 두면 언젠가는 다시 쓸 일이 생긴다고 했다.

옛날 말에 나물 날 곳은 산입새山入塞부터 살펴보라는 말이 있듯이 자기보다 못한 사람들을 살피면서 살아온 도목 댁 은 자식들도 그렇게 가르쳤다. 큰딸 영희가 어머니를 이어받았다. 아름다운 미덕을 어머니로부터 물려받은 도목 댁 자손들은 평생을 도목 댁처럼 아름답게 살아가고 있다. 콩 심은데 콩 나고 팥 심은데 팥 나는 진리를 도목 댁을 통해 또 한 번 알 수 있었다.

뻔뻔한 부자父子

하영이네 집과 일본인 씨레스끼네 집은 담장 하나를 사이에 둔 이웃이었다. 하영이는 고교시절 일본인 남학생 씨레스끼와 눈이 맞았다. 처음에는 그를 피해 다니며 울기도 많이 울었다. 씨레스끼의 성격이 까칠하고 눈초리가 일본의 못된 순사처럼 날카롭게 보인 탓이었다.

아침마다 씨레스끼는 학교 등교 시간에 집 앞에서 그녀를 기다렸다. 그녀가 집에서 나오면 아는 체를 하며 선물 공세를 퍼부었다. 그래도 하영이의 마음은 좀처럼 움직이지 않았다. 한 번도 선물을 받아들인 적이 없었다. 그리고 가을바람이 세차게 불던 날이었다. 하영이가 학교를 파하고 집으로 가는 길에 씨레스끼에게 납치 되었다. 하영이는 빈집들이 있는 으슥한 골목으로 끌려들어갔다. 비명을 지르고 발버둥을 쳐도 인적이 없는 곳이라 소용없는 일이었다. 하영이는 그곳에서 순결을 잃고 말았다.

그 후 하영이는 어머니와 눈길을 마주치지 않았다. 방에 틀어박혀 잘 나오지 않았다. 하영이는 방에서 늘 속울음을 울었다. 명랑하고 애교가 많은 외동딸이 웃음을 잃고 말도 붙일 수가 없게 되자 어머니는 걱정이 이만저만이 아니었다. 어느 날 눈이 붉게 충혈된 것을 본 어머니는 딱히 아픈 곳이 없는데도 시름시름 아픈 딸이 혹시 전쟁터에 나가 죽은 아버지의 혼이 들어 간 것이 아닌가 하고 점집을 찾아가 점을 쳤다. 하영이 아버지는 일본이 일으킨 대동아 전쟁에 징집되어 나갔다가 행방불명이 되었다. 무당은 하영이 어머니의 말대로 전쟁에 나가 억울하게 죽은 아버지의 혼이 찾아왔다고 했다. 하영이 아버지를 위해 사십구재를 지내주어야 한다고 했다.

하영이 어머니는 큰돈을 들여 무당이 하라는 대로 재를 지냈다. 그래도 좋아지지 않자, 하영이를 데리고 한약방을 찾아갔다. 한약방에서는 속이 허하고 혈액순환이 안 되어서 그렇다고 했다. 한약을 두 달쯤 먹여야 한다고 했다. 이번에도 큰돈을 들여 한약 두 재를 지어다 먹였다. 하영이는 한약을 먹어봐야 아무 소용이 없는 일이므로 어머니 몰래 한약을 쏟아버렸다.

씨레스끼는 매일 집 앞에서 그녀를 기다렸다. 미안하다는 말과 사랑한다는 편지를 써서 여러 번 부쳤다. 한 학기가 다 가도록 편지를 하자 그 정성에 하영이는 점점 마음이 녹기 시작했다. 이유야 어찌되었든 여자의 첫 순결을 바친 남자였다. 결국 씨레스끼를 만나 주기로 했다. 도서관에도 함께 가고 오락실에도 함께 다녔다.

하영이는 씨레스끼와 다시 만나면서 정이 쏙쏙 들었다. 하루만 그를 못 봐도 견딜 수가 없었다. 밤이면 몰래 담을 넘어다보며 그를 기다렸다. 달밤이면 둘이 만나 꽃길을 걸으며 몸이 으스러지도록 포옹을 했다. 그럴 때면 세상을 모두 가진 것만 같았다. 한편 세상을 모두 준대도 씨레스끼와 바꿀 수가 없었다. 그래서 잠시라도 떨어져 있으면 그와 함께한 시간이 너무 그리웠다.

두 사람은 학교에서도 소문이 날 정도로 서로의 감정을 자제하지 못했다. 학교에 갈 때나 집에 돌아 올 때는 물론이고 주말에도 함께 도서관에 가 공부를 했다. 공부를 하다가도 화장실에 가는 척 하면서 만났다. 두 사람은 나중에 학교를 졸업하고 결혼하기로 약속까지 했다.

하영이는 씨레스끼네 집에도 자주 들락거렸다. 씨레스끼 부모는 자기 아들과 하영이가 사귄다는 것을 눈치 채면서도 싫어하지 않았다. 사실 일본 사람들은 자식이 한국 사람과 사귀는 것을 탐탁지 않게 여겼다. 일본 사람들은 한국 사람들을 무시했기 때문이었다. 하영이는 다행이라며 안심했다.

씨레스끼 부모는 갈수록 하영에게 친절하게 대해주었다. 씨레스끼 어머니보다 아버지가 더 친절하게 대해주었다.

"하영이는 볼수록 예쁘구나. 꼭 백합 같아."

씨레스끼 아버지는 하영이를 볼 때마다 정말 백합을 바

라보는 것 같은 표정을 지으며 칭찬을 했다. 예를 들면 백합 향기를 맡을 때 향기에 취하듯이 눈을 지그시 감으면서 고개를 좌우로 흔들었다. 그럴 때마다 씨레스끼는 좋아서 어쩔줄 몰랐다.

"아버지는 정말 백합을 앞에 두고 있는 것 같아요."

"백합보다 더 예쁘지. 씨레스끼 넌 복이 터졌다."

"참, 아버지도."

씨레스끼는 아버지의 말에 민망해 하면서도 하영이가 백합보다 더 예쁘다는 말에 기분이 좋았다. 씨레스끼 아버지는 공무원이었다. 한국에 이주하여 사는 일본 사람들은 상인 아니면 공무원이었다.

"우리 아버지가 널 얼마나 좋아하시는지 알겠지?"

"알아. 그래서 고마워하고 있어."

하영이는 자기를 좋아해주고 칭찬해주는 씨레스끼의 아버지를 참 좋은 분이라고 생각했다.

정말 그의 아버지는 하영이에게 특별하게 대해주었다. 하영이가 오는 날엔 일본산 사탕과 과자를 아낌없이 내주었다. 그때 당시 한국 사람들은 일본산 사탕과 과자를 보면 너도나도 먹고 싶어 안달이었다. 사탕과 과자뿐만 아니라 일본산 학용품은 더했다. 국산은 아직 조잡하기 짝이 없었다. 일본제 노트, 연필, 필통, 책가방은 학생들에게 선망의 대상이었다. 씨레스끼 아버지는 그런 것까지 챙겨주었다. 하영이는 고마워서 어쩔 줄 몰랐다.

하영이와 씨레스끼는 고3이 되었다. 여름방학 어느 날 도서관에서 공부를 하고 집으로 돌아왔다. 돌아오면서 씨레스끼가 내일은 자기 어머니와 일본을 다녀와야 하니 일주일 동안 만날 수 없다고 했다. 하영이는 참고 기다리겠다면서 몸 조심히 잘 다녀오라고 했다.

씨레스끼가 자기 어머니와 일본으로 가고 난 다음 하영이는 도서관에 갈 기분이 나지 않았다. 그래서 집에서 공부를 하기로 했다. 시원한 마루에서 공부를 했다. 마당에는 청포도가 열려있고 마당가 버드나무에서는 매미가 열심히 울었다. 하영이 어머니는 장사를 나가고 없었다. 밤이 늦어서야 들어올 것이었다.

하영이 어머니는 국제시장에서 달러를 바꿔주고 미제

초콜릿, 화장품, 란제리, 치즈, 레브롱 도화루, 일제 코티분, 카라멜, 소고기(간즈메)캔, 칠면조(간즈메)캔, 파인애플(간즈메)캔 등을 집안에 숨겨놓고 팔았다. 모두 군수품이었고 미군들을 끼고 몰래 빼돌려 파는 물건이었다. 미제 껌은 가장 인기가 좋았다. 일주일 동안 씹어도 새것처럼 쫄깃쫄깃했다. 하영이 어머니는 군복에 검은 물을 들여 파는 일도 했다. 돈이 될 만한 것이라면 무엇이든지 닥치는 대로 했다. 그렇게 하다가 발각되어 붙잡혀가기도 했다. 그때마다 공무원인 씨레스끼 아버지가 해결해 주었다. 그래서 씨레스끼의 아버지는 하영이네 은인이기도 했다.

하영이가 한참 공부를 하고 있는데 씨레스끼 아버지가 사립문을 밀고 들어섰다.

"웬일이세요?"

하영이는 가슴이 덜컥 내려앉았다. 또 어머니가 물건 팔다가 들켜서 붙잡혀갔을 것이라는 생각이 들었다.

"우리 엄마가 또 붙잡혀갔어요?"

하영이는 지레 겁이나 물었다. 씨레스끼 아버지는 그게 아니라고 고개를저었다.

"그런 건 아니다."

하영이는 그런 게 아니라면 무엇 때문인지 더욱 궁금했다.

"그럼 혹시 씨레스끼에게 무슨 일이라도?"

"아, 아니야, 그런 게 아니고, 참 스레스끼는 한 주 더 있다 온다고 연락이 왔다."

"그럼 2주 후에 온다는 거예요?"

"그래, 2주 후에나 오지. 그건 그렇고. 내가 무슨 말을 좀 해야겠는데 잠시 방으로 들어갈까?"

"예."

하영이는 명랑하게 대답을 하면서 재빨리 자리에서 일어나 책을 정리하고는 앞장서서 방으로 들어갔다. 씨레스끼 아버지가 곧 하영이의 뒤를 따라 방으로 들어갔다.

방으로 들어간 씨레스끼 아버지는 갑자기 악마로 돌변했다. 하영이를 와락 끌어안았다.

"너를 볼 때마다 안아보고 싶어서 미칠 것만 같았다."

"아저씨, 왜 이러세요?"

하영이가 소리를 지르자마자 씨레스끼 아버지가 하영이를 방바닥에 쓰러뜨려 눕히고 육중한 몸으로 덮어 눌렀다.

"소리 지르면 죽는다. 그러니 입 꼭 닫고 얌전히 있어."

"살려주세요. 제발 살려주세요."

"어허, 가만히 있으래도. 누가 들으면 어쩌려고."

그가 그렇게 말하지 않아도 하영이는 더 이상 몸부림칠 수가 없었다. 그의 말대로 누가 듣기라도 한다면 모든 게 끝장이 날 것 같았다.

순식간에 모든 것이 끝나고 말았다. 그런 일이 있고부터 씨레스끼 아버지는 하영이에게 계속 그런 짓을 반복했다. 자기 아들 시래스끼나 하영이 어머니에게 말하면 다 죽는다는 협박을 하면서 하영에게 강간을 일삼았다. 그리고 정신이 없는 하영이에게 돈 몇 푼씩을 던져놓고 갔다. 어느 날 하영이는 겨우 정신을 차리고 돈을 주워 씨레스끼 아버지에게 던지면서 퍼부었다.

"당신네 일본이 정신대로 잡아간 소녀들도 나처럼 이렇게 당했겠지. 천벌을 받을 테니 두고 보세요."

"뭐, 정신대? 정신대가 어딨어. 다 지들 돈벌이하려고 모른 척하면서 뛰어들었던 거지. 한국 부모들은 딸이 살림 밑천이라면서 팔아먹었다는 거야."

"악마들, 당신들은 악마야. 복수할 테니 두고 봐."

"하, 복수? 그럼 내 아들에게 말해보지. 나와 이렇게 사랑을 나누고 있노라고. 그러면 내 아들이 널 버리겠지. 나는 그걸 노린 거야. 이 조센징 창녀야."

"뭐라고?"

하영은 당장 죽고 싶었지만 어머니를 생각하면 그럴 수도 없었다.

하영이는 씨레스끼를 사랑하고 있었다. 그래서 그 무시무시한 비밀이 더 힘들었다. 아무에게도 말할 수 없는 끔찍한 비밀을 안고 혼자 가슴앓이를 했다. 하영이는 밥도 먹지 않고 실어증에 걸린 것처럼 멍했다. 고등학교를 졸업한 후 씨레스끼는 빨리 결혼을 하자고 달래며 모든 일을 자기 어머니께 말하고 결혼을 서둘렀다. 하영이는 아무 말도 귀에 들어오지 않았다.

아들이 하영이와 결혼하겠다는 말을 들은 씨레스끼 아버지는 펄쩍 뛰었다. 그러나 끝까지 아들과 아내가 우기자 어쩔 도리가 없었다. 일이 그렇게 돌아가자 뻔뻔스럽게 소고기를 사가지고 하영이 어머니에게 주면서 아무것도 먹지 못 한 채 누워있는 하영에게 먹여 힘이 나게 하라고 당부했다. 하영이 어머니는 비싼 소고기를 사다준 씨레스끼 아버지가 고마워 어쩔 줄 몰랐다. 하영이 어머니는 그걸로 국을 끓였지만 하영이는 한 숟갈도 입에 대지 않았다.

어느 날 힘없이 누워만 있던 하영이가 벌떡 일어나 밥을 먹기 시작했다. 복수를 해야겠다고 마음먹고 씨레스끼에게 전화를 했다. 빨리 결혼을 하자고 했다. 뜻밖의 일이었다. 씨레스끼는 좋아서 어쩔 줄 모르며 고맙다고 했다.

그렇게 결혼한 하영이는 시아버지를 노골적으로 괴롭혔다. 식사 때마다 시아버지를 노려보면서 경멸의 눈초리를 보냈다. 그러자 시아버지는 하영이와 함께 식사하기를 꺼렸다. 그럴 때마다 하영이는 "가족은 함께 식사를 해야 한 식구라고 하던데요. 그렇지 않은가요 아버님?"하고 당돌하게 말했다. 시아버지는 처음에는 하영의 눈길을 피하려고 애썼다. 그리고 하영이가 쏘아보는 눈초리에 밥을 먹는 둥 마는 둥하고, 자리를 피했다. 어떤 때는 굶기도 했다. 그러나 더 이상 피할 도리가 없자 에라 모르겠다는 식으로 뻔뻔하게 아무 일도 없었다는 듯이 함께 식사를 하기 시작했다. 돼지고기 삼겹살을 먹을 때는 입가에 돼지기름을 번지르르하게 묻혀가면서 상추쌈을 볼이 터지게 싸먹었다. 그럴 때면 하영은 속으로 "돼지 같은 인간"이라고 욕을 하면서 바라보았다.

시아버지는 음식도 짐승처럼 먹었다. 상추쌈을 야구공

만하게 싸서 입에 넣을 때면 악어처럼 입을 한껏 벌리고 썩은 동태눈 같은 희멀건 눈을 휘둥그렇게 떴다. 우적우적 한참을 씹어 삼키고 다시 쌈을 싸서 입을 벌릴 때마다 이 사이에 덕지덕지 상추 잎이 끼인 이를 드러내며 웃었다. 그렇게 웃는 모습이 서름이 끼쳤다.

하영의 눈길을 의식한 시아버지는 "넌 먹지 않고 뭐하니? 돼지고기를 잘 먹어야 아이도 빨리 갖는다더라."라고 천연덕스럽게 말했다. 하영은 "아기는 낳아서 뭐해요. 나는 아이 낳을 생각 없어요."라고 응수했다. 그러면 다시 시아버지는 "허, 남의 가문 대를 끊어놓을 작정이야. 잔말 말고 빨리 아이나 낳을 생각해."라고 쏘아붙이면서 눈을 흘겼다. 하영은 자신을 향해 눈을 흘기는 시아버지의 눈빛에 구역질이 올라왔다. 정말 헛구역질을 했다. 그러자 시아버지는 또 "벌써 임신해 놓고는 시치미를 뗐구만."이라며 괘씸하게 여겼다. 시아버지가 그러면 그럴수록 헛구역질이 더 심하게 올라왔다.

하영이가 결혼한 후 하영이 어머니는 장사를 나가면 집안이 비는 것이 늘 불안했다. 그렇다고 남을 들일 수는 없었다. 진주에서 고등학교를 졸업한 하영이 사촌 여동생 한숙이를 불러들였다 한숙이는 하영이 어머니와 함께 살면서 양장 기술을 배우기로 했다. 하영이는 오전에 양재 학원에 다니고 오후에는 집안일을 했다. 하영이 어머니는 장사를 하느라 언제나 밤늦게 집에 돌아왔다. 그래서 한숙이는 집안일을 끝내고 나면 바로 옆집인 하영이네로 가 시간을 보냈다. 하영이도 말동무가 없던 차에 숨을 쉴 것 같았다. 하영이 남편 씨레스끼도 한숙이가 오는 것을 무척 반가워했다. 한숙이 때문에 하영이가 웃고 말 수도 많아 진탓이었다.

막상 복수하려고 결혼을 했지만 하영은 시아버지를 어쩌지 못했다. 마음이 편치 않는 하영이는 몸이 점점 말라갔다. 시어머니는 하영이를 결핵 환자로 의심했다. 하영이는 임신도 되지 않았다. 사실 하늘을 봐야 별을 딸 것이었다. 하영이는 남편과 잠자리하는 것을 두려워했다. 그래서 늘 피하자 씨레스끼는 하영이가 결핵에 걸린 것이 아닌지 의심이 되어 병원에 데리고 갔지만 결핵이 아니었다.

"당신, 도대체 왜 그래? 몸이 아픈 것도 아닌데 왜 그러냐고?"

"나도 몰라. 그냥 그래. 밥이 먹기가 싫어."

하영은 아무것도 모른 남편이 안타까웠지만 그렇다고 시아버지가 나쁜 인간이라는 말을 할 수가 없었다.

씨레스끼도 더 이상 하영에게 왜 그러냐고 더 이상 다그치지 않았다. 대신 한숙이가 오는 날엔 한숙이와 자주 대화를 했다. 씨레스끼는 한숙이에게 책을 빌려주면서 대화할 소재를 만들어 갔다. 책을 좋아하는 한숙은 책을 핑계로 씨레스끼와 자연스럽게 대화를 했다.

하영이 어머니는 한숙에게 하영이 집에 자주 들러 몸이 좋지 않은 하영이를 돌봐달라고 부탁했다. 한숙은 책 때문만이 아니라 하영이 때문에라도 그 집을 자주 드나들어야 했다. 그런데 어느 날부터 한숙이 그전처럼 잘 오지 않았다. 하영이가 물었지만 한숙은 대답하지 않았다. 대신 씨레스끼가 한숙에게 빌려준 책을 찾으러 간다면서 하영이 친정집엘 드나들었다.

하영은 어느 날 씨레스끼가 친정집에서 나온 것을 보고 한숙에게 갔다. 그런데 한숙이가 울고 있었다.

"한숙아, 왜 그래? 왜 우는 거냐니까?"

한숙은 하영을 붙잡고 더 크게 울었다. 하영은 문득 옛날 일이 떠올랐다. 시레스씨가 빈집이 있는 으슥한 곳으로 끌고 가 순결을 빼앗던 일이 떠오르자 머리를 흔들었다. "아냐, 그럴 리가 없어. 그건 철없던 시절 일이야."라고 나쁜 생각을 쫓아버리고 말았다.

그런데 어느 날 시아버지가 친정집에서 나오는 것이었다. 하영은 시아버지 앞을 가로 막고 섰다.

"비키지 못해. 버르장머리 없이."

"예, 저는 버르장머리가 없고. 아버님은 양심이 없지요."

"이게 어디서 함부로 주동일 놀리는 거야."

"우리 집엔 왜 갔어요? 왜 갔느냐고요?"

"니 어머니가 또 사고를 쳤어. 그래서 그거 수습하고 있는 중이야."

"그건 나도 알아요. 가끔 있는 일이니까. 그런데 지금 엄마가 집에 없잖아요. 엄마가 없고 한숙이 혼자 있는데 왜 우리 집에 갔느냐 말예요?"

"이런 몹쓸 년을 봤나. 니 엄마가 있는 줄 알고 갔지. 니 엄마가 없는 줄 알고 왜 가!"

"웃기시네. 만약 한숙일 건드리기만 하면 그땐 다 죽을 줄 아세요."

"나쁜 년, 한숙이가 너처럼 창년 줄 알아!"

"나쁜 인간. 창남 주제에."

하영은 하고 싶은 말을 마음껏 퍼붓고 나자 속이 시원했지만 한편으로는 걱정을 지울 수가 없었다. 일거수일투족을 지킬 수가 없는 일이었다. 옛날부터 "열 사람이 한 사람 도둑을 못 지킨다"는 말을 생각하자 더욱 불안했다.

한숙은 차츰 얼굴이 반쪽이 되어가면서 말이 없어졌다. 밥도 먹지 못한 채 걸핏하면 자리에 누웠다. 동네 사람들은 하영이가 전에 그러더니 그게 한숙이에게 전염이 된 모양이라고 수군댔다. 사람들이 수군댈수록 한숙은 허탈한 표정으로 눈물을 흘리고 하영은 속이 타들어갔다.

하영이 친정어머니는 주로 오후에 장사를 나갔다. 그래서 밤늦게 들어오는 게 일상이었다. 그래서 하영은 밤마다 친정집을 감시했다. 다행히 별 일이 일어나지 않았다. 시아버지도 더 이상 친정집에 가지 않았고 남편 씨레스끼도 한숙이가 몸이 나빠져 가자 책을 빌려주는 일이 없었다.

책을 빌려주지 않으니 찾으러 갈 일도 없었다.

하영은 안도하면서 친정집 감시를 그만두기로 했다. 다행히 한숙이 몸이 점점 좋아지는 것 같고 또 얼굴도 많이 밝아진 듯 했다. 그런데 한숙에게 정작 슬픈 일이 닥치고 말았다. 하영이 어머니가 지방에 내려간 날이었다. 그래서 한숙은 혼자 잠을 자야했다.

그날 밤 한숙은 저녁을 먹고 혼곤하게 잠이 들었다. 얼마나 잤을까 갑자기 무거운 물체가 몸을 짓눌렀다. 흑인 미군이 한숙을 덮친 것이었다. 흑인 미군은 하영이 어머니가 장사를 하면서 알게 된 군인이었다. 그는 하영이 어머니에게 물건을 공급해주는 미군 가운데 한 사람이었다. 그날도 부대에서 빼돌린 물건을 가지고 왔다가 자고 있는 한숙을 덮친 것이었다.

미군은 그렇게 욕정을 채우고는 울고 있는 한숙에게 5달러를 던져 주고 가버렸다. 그 후 한숙의 배가 불러왔다. 더 이상 불러온 배를 숨길 수가 없었다. 하영이 어머니께 들키고 말았다. 하영이 어머니는 한숙을 다그쳤다. 어떤 놈과 연애를 했느냐고 다그치는 소리가 담장 너머까지 들렸다.

어머니는 노발대발 닥치는 대로 물건을 던지면서 소리를 질렀다.

깨진 물 옹기 파편이 마당 한가운데서 칼날처럼 뒹굴었다. 한숙이 옷가지도 마당으로 던져지고 한숙이 울음소리가 씨레스끼의 집에까지 들렸다. 옆집에서는 때마침 밥을 먹던 씨레스끼와 그의 아버지가 한숙의 울음소리를 들었다. 두 사람은 서로 한숙의 울음소리를 못 들은 척 하며 슬그머니 밥숟가락을 놓고 출근해 버렸다. 그날 퇴근길에 씨레스끼는 닭 두 마리를 사서 한숙이네 집에 몰래 갔다 놨다. 그리고 다음날 씨레스끼의 아버지는 소고기를 사다가 한숙이네 부엌 무쇠 솥 안에 넣어놓고 나왔다.

하영이 어머니도 어쩔 수가 없었다. 이미 일은 벌어졌고, 한숙이가 순산하기만을 바랐다. 만삭이 된 배는 북통이었고 한숙은 신경쇠약에 걸려 몰골이 말이 아니었다. 하영이 어머니는 한숙이가 가엾어서 뭐라도 해 먹여야겠다고 생각하며 부엌으로 나갔다. 무쇠 솥을 열자 소고기가 있었다. 하영이 어머니는 한숙이가 먹고 싶어서 몰래 사다

놓고도 차마 끓여먹지 못한 것으로 알고, 그걸 국을 끓여 한숙이에게 먹였다. 그동안 숨도 제대로 쉬지 못한 한숙은 숨통이 트이는 것 같았다. 한숙은 "큰엄마!"하면서 하영이 어머니에게 안겨 큰 소리로 울었다.

날마다 미제 물건을 팔기에 분주한 하영이 어머니는 출산일이 다가오자 출산준비물을 사야할 것들을 생각했다. 그런데 마침 마루에 아기 옷과 기저귀가 두벌씩이나 놓여있었다. 이번에도 한숙이 미리 준비를 해 놓고도 미안해서 말을 못했을 것이라고 생각했다. 한숙이 어머니는 한숙의 심정을 이해하면서 그것들을 한숙에게 말하지 않고 그냥 챙겨두었다.

점점 산달이 다가오자 모두 긴장했다. 장본인 한숙이 가장 불안했다. 아이를 낳다 죽는 수도 있다는 말을 들었으므로 더욱 그랬다. 씨래스끼 부자도 저마다 불안했다. 그러면서도 하루 빨리 자식이 어떻게 생겼는지 보고 싶었다. 씨래스끼는 첫아이라 더욱 그렇고, 씨래스끼 아버지는 나이 들어 늦둥이를 보는 기분이었다. 씨래스끼 부자는 서로 모르게 밤마다 달이 훤한 밤하늘을 바라보며 "하느님, 달님, 나무님, 부처님, 부디 세상이 발칵 뒤집힐 지경으로 똑똑한 아이가 태어나게 하여 주소서?"라고 빌었다. 틀림없이 그런 아이가 태어날 것만 같았다.

하영은 아차, 했다. 생각하고 말고 할 것 없이 남편 씨레스끼 아니면 시아버지일거라고 짐작했다. 그렇다고 그들에게 물어볼 수도 없었다. 그러나 시아버지에게는 물어볼 용기가 났다. 아니 다그치기로 마음먹고 기회를 노렸다. 때마침 시어머니가 외출하고 없을 때 퇴근하는 시아버지를 붙잡고 물었다.

"한숙이 아버님이 그랬죠? 맞죠?"

"애가 지금 무슨 소릴 하는 거야?"

"한숙이 뱃속 아이 주인 맞잖아요!"

"너 약 먹었냐? 말 함부로 하는 것 아니야. 조심해."

하영이에게 다그침을 받은 시아버지는 겉으로는 태연한 척 했지만 어딘가 모르게 불안한 기색이 영력했다. 한숙이의 배가 불러올수록 그런 기색이 더 짙어져 갔다.

한숙이 배가 점점 불러오자 하영이 어머니도 어쩔 도리

가가 없었다. 돌이킬 수 없는 일인 만큼 한숙이가 순산하기를 바랐다. 아이를 낳으면 아직 아이를 갖지 못한 하영이에게 주면 될 것이라고 생각했다. 그렇게 생각하자 정말 손자를 기다리는 기분이었다. 그래서 하영이 어머니는 한숙에게 좋은 것만 골라 먹였다. 미군부대에서 나온 것 중에 가장 품질 좋고 비싼 것을 골랐다.

"한숙아, 너무 힘들어하지 말고 아이 낳아서 니 언니주자. 여자는 아이 낳고 몸조리 잘하고 나면 아무도 모른다. 아이 하나 낳고 시집가는 여자가 어디 한둘인 줄 아니."

하영이 어머니는 그런 경우를 많이 본 사람이었다. 미군을 상대로 몸을 파는 양공주들 가운데 그런 여자들이 많았다. 주로 시골에서 올라온 가난한 집 처녀들이 아무것도 모르고 돈을 많이 벌 수 있다는 꾐에 빠져 양공주가 되었다가 아이를 낳고도 다른 남자에게 처녀처럼 결혼하는 것을 볼 때마다 혀를 내둘렀다. 그런데 자신에게 그런 일이 닥친 것이었다.

한숙의 배는 하루가 다르게 불러져 북통처럼 탱탱했다.

하영이 어머니는 너무 잘 먹인 탓일 거라고 생각했다. 그런데 아무리 잘 먹였다고 해도 그렇게까지 부르지는 않을 것이었다. 그래서 한숙에게 두 다리를 쭉 뻗고 팔을 뻗어 발을 잡아보라고 했다. 한숙은 시킨 대로 했다. 한숙의 손은 발목에도 미치지 못했다.

"아이고, 쌍둥이다."

"예?"

"하영이가 아이 복이 한꺼번에 터졌구나."

하영이 어머니는 더 좋아하는 눈치였다. 몸이 허약하여 임신이 안 되는 딸에게 한꺼번에 아이를 둘씩이나 안겨주면 이제 만사 잊어버려도 될 것이었다. 한숙이 예뻐서 하영이 어머니는 비싼 소고기국을 매일 끓여 먹였다. 기운이 있어야 쌍둥이를 순산할 수 있기 때문이었다.

하영이 어머니는 자신의 생각을 딸 하영이에게 말했다.

"하늘이 너에게 준 선물이야. 그러니 감사하게 받아야 한다."

"시부모님과 남편이 받아들여줘야지. 나만 좋다고 해서 될 일이에요."

"시부모님도 니 남편도 싫어하지는 않을 것이야."

"왜요?"

"일본 사람들은 우리보다 더 가문 잇기에 연연하거든. 제사지내기 위해 양자 들이는 것도 일본이 더 심하다더라."

"그럼 아들이어야 하잖아요."

"한숙이 배를 보니 아들이 분명하다. 그러니 너는 아무 걱정 말고 시부모님과 니 남편만 설득해."

하영이는 친정어머니가 시킨 대로 가족들을 불러 모아 놓고 자초지종을 말했다. 하영이는 말을 하면서 시어머니는 찬성해줄 것 같은데 두 남자가 걱정이었다. 그런데 뜻밖에도 상황이 반대가 되었다.

"나는 반대다. 누구 씬지도 모른데 어떻게 우리 아이로 받아들인단 말이냐."

"엄마, 하영이가 몸이 약해 임신이 안 되니 어쩌겠어요. 그냥 허락해주세요."

"여보, 씨레스끼 말이 맞아요. 며느리가 언제 아이를 가질지 알 수가 없지 않소. 그리고 한숙이가 하영이 동생이니 전혀 모른 남이 낳은 것도 아니고."

"아니, 이집 남자들이 참 이상도 하네? 언제부터 그렇게 너그러워졌나요? 그것도 합심해서."

"합심을 하긴, 부자니까 서로 생각이 통한 것이지."

"아무튼 나는 아이를 낳아보고 난 후에 생각해 볼 테니 미리 정하진 말아요."

하영이 시어머니는 아이를 낳아보고 아이가 탐이 나면 그때 가서 정해도 늦지 않다는 투로 말했다. 하영이도 시어머니 말이 일리가 있다고 생각하면서 한숙이가 아이를 낳을 날을 기다렸다. 그리고 부디 아들을 낳아주기를 빌었다.

출산일이 하루하루 다가오고 있었다. 날이 갈수록 하영이 시아버지가 안절부절 못했다. 손자를 얻는다는 사람치고는 이상할 정도였다. 안절부절 못하기는 아들 씨레스끼도 마찬가지였다.

"아버지도 아이가 기다려지세요?"

"너도 그러냐?"

"그럼요. 그런데 나보다 아버지가 더 기다린 것 아니에요?"

"본래 손자를 더 기다린다고 하잖냐."

"하긴, 그래도 너무 좋아하신 것 같아서요."

"넌 어떻고 꼭 지 씨가 태어난 것 같은 얼굴이야 하영이가 아이를 낳는 것 같다니까."

"아버지는 더 하다니까요. 아버지는 어젯밤에도 담장에 귀를 대고 엿듣는 것 다 봤어요."

"너도 담장을 뱅뱅 돌았잖아. 피장파장이지 뭐."

"그럼, 아버지나 저나 똑 같네요."

"그걸 부전자전이라고 하잖아. 그 아비에 그 아들인 거지."

"그런데 아버지, 아이가 어떻게 생겼는지 궁금하지 않으세요?"

"너도 그러냐? 참, 그것도 부전자전이구나. 나는 요즘 아이가 누굴 닮았을까? 하는 생각이 들거든."

"저도 잠을 잘 때마다 아이가 누굴 닮았을까 하는 생각을 하다가 잠이 들면 꿈까지 꾼다니까요."

"뭐야? 너도 꿈까지 꾸었다고? 나도 꿈을 꾸었는데 그런데 어느 날 꿈은 참 이상도 하더라니까."

"어떤 꿈이었는데요?"

"한숙이가 낳은 아이가 시커먼 바윗돌로 변해버리지 뭐냐. 깜짝 놀라 깨어났더니 꿈이더라. 꿈이라 얼마나 다행이던지."

"아들이 틀림없네요. 바위만큼 단단하고 용맹스러운 아들이 틀림없다니까요."

"니 말 듣고 보니 맞는 것 같다는 생각이 드는구나. 나는 속으로 은근히 걱정을 했지. 혹시나 아이가 잘못되는 건 아닌가하고."

"그런데 아버지, 지금 우리가 무슨 이야기를 하고 있는 건지 모르겠네요. 남이 들으면 참 이상하다고 하겠어요. 너무 나갔다니까요."

"너무 나가긴. 우리 아인데."

씨레스끼는 아버지가 '우리 아이'라는 말의 뉘앙스가 좀 이상은 했지만 '우리 아이가 될 것'이라는 말로 해석하고 말았다. 씨레스끼 부자는 그렇게 서로의 마음을 터놓고 이야기하면서 아이가 태어나기를 기다렸다.

드디어 한숙이 진통이 시작되었다. 산모의 진통소리가 옆집까지 다 들렸다. 아-악! 하고 금세 숨이 끊어지는 소리가 들릴 때마다 부자는 가슴을 졸였다. 진통소리는 사람 애간장을 녹였다.

"저러다 사람 죽는 것 아닌지 모르겠다."

"그러게 말이에요. 산모가 죽으면 아이도 죽을 텐데."

"제발 둘 다 살아야 할 텐데."

해가 질 무렵부터 시작한 진통은 밤이 늦도록 계속되었다. 아이는 좀처럼 나오지 않았다. 씨레스끼 부자는 저녁밥을 걸은 채 모든 신경을 아이 낳는데 쏟았다. 하영이 시어머니가 어처구니가 없다면서 한마디를 했다.

"사돈집에서 아이 낳는데 사돈집 부자가 저녁도 굶은 채 안달이라니. 보다보다 별꼴 다 보겠네."

부자는 그런 말에 아랑곳하지 않은 채 안절부절못했다. 그런데 갑자기 택시가 하영이 친정집 앞에 와 멈췄다. 하영이 어머니가 택시를 불러 병원으로 한숙이를 이송한 것이었다.

"어느 병원으로 가세요?"

씨레스끼가 급히 물었다.

"한국병원으로 가야지."

하영이 어머니의 말이 떨어지기가 무섭게 두 부자도 택시를 불러 타고 한국병원으로 달렸다. 병원에서도 계속 한숙이의 진통 소리가 병원을 흔들었다. 고함치는 소리는 복도의 공간을 타고 크게 울렸다. 하영이 어머니는 복도에서 기다려야 했다. 씨레스끼 부자도 함께 기다렸다.

"사돈께서 여기까지 와 주시다니. 고맙습니다."

"우리 아인데 고맙기는요."

우리 아이라는 말에 하영이 어머니는 더욱 고마웠다.

"맞습니다. 한숙이 뱃속 아이는 사돈댁 아이지요. 씨레스끼 자식이라니까요."

한숙은 아침이 되어서야 아이를 낳았다. 햇살이 펴지는 6시 40분, 산실에서 우렁찬 울음소리가 들렸다. 복도에서 하영이 어머니와 씨레스끼 부자가 기뻐서 어쩔 줄을 몰라 했다.

"틀림없이 아들이다. 저 우렁찬 울음소리를 들어보렴."

맨 먼저 씨레스끼 아버지가 기쁨의 말을 터트렸다.

"저도 이미 짐작하고 있어요."

그때 간호원이 나와 보호자를 불렀다. 하영이 어머니가 재빨리 산실로 들어갔다. 씨레스끼 부자도 따라 들어가고 싶었지만 차마 그럴 수는 없었다. 그런데 산실로 들어간 하영이 엄마가 뒤로 "어!"하며 물러서며 말을 못했다.

"이게 무슨 일이고! 세상천지 이게 무슨 일이고!"

아이는 피부가 새까맣고 머리는 곱슬이었다. 하영이 어머니는 미군부대 흑인 미군들을 떠올렸다. 그들이 혼자 있는 한숙이를 덮쳤을 것이 뻔했다. 하영이 어머니가 울음을 터트렸다. 그러자 씨레스끼 아버지가 놀라 물었다.

"왜요? 아이가 혹시 잘못되기라도?"

"아닙니다. 아무것도 아니니 어서 돌아 가이소"

하영이 어머니가 손사래를 치며 씨레스끼 아버지를 물리쳤다. 그때 간호사가 아이를 영아실로 데려가려고 안고 나왔다. 씨레스끼 아버지가 잽싸게 달려가 아이를 살폈다. 씨레스끼도 재빨리 달려와 아기를 확인했다.

두 부자는 후다닥 병원을 빠져나왔다. 집으로 돌아오면서 아버지가 먼지 입을 열었다.

"어떻게 된 일이지?"

"글쎄요 분명히 내 아인 줄 알았는데."

"나도 마찬가지다. 그럴 리가 없는데."

두 사람은 서로 머쓱한 얼굴로 집을 향해 걸었다. 한참을 건다가 아버지가 다시 입을 열었다.

"역시 검둥이가 일을 제대로 해냈구나."

"이제 보니 아버지도 허방이네요."

"사돈 남 말하기는, 넌 어떻고?"

해가 불쑥 떠올라 햇살이 온 세상에 퍼지고 있었다. 부자는 지금까지 아무 일도 없었던 것처럼 집으로 돌아와 아침을 먹고 직장으로 출근을 했다.

이웃집에 맡겨놓은 열쇠

십여 년 전에 아파트에서 주택으로 이사를 오면서 열쇠를 두 벌 마련했다. 여분의 한 벌은 이웃집에 맡겨 놓고 살았다. 외출하고 집이 빌 때 택배가 오거나 급한 편지가 오는 것 때문이었다. 그렇게 열쇠를 맡겨놓고 그 후 몇 년이 가도 나는 한 번도 열쇠를 생각해보지 않았다.

그래도 나는 열쇠에 대하여 안부조차 묻지 않았다. 벙어리 같은 열쇠를 매몰차게 이웃집에 맡긴 후 잘 있느냐고 한 번도 물어본 일도 없었다.

그것이 있는지 조차 잊어버린 채 즐거울 때나 슬플 때나 없는 듯이 살았다.

가끔 이웃집에 가서 음식도 먹고 잡담을 하면서도 열쇠는 생각하지 않았다. 어느 해 몹시도 무더운 여름날 열쇠를 맡긴 이웃집 마루에 앉아 시원한 수박을 먹을 때도 나는 열쇠 생각을 조금도 하지 않았다. 열쇠는 한쪽 벽면에 자리 잡은 못에 걸려, 숨어 있듯이 애처로운 모습으로 나를 바라보고 있었음에도 나는 눈길조차 주지 않았다.

그런데 몹시도 추운 겨울날, 간절하게 열쇠가 그리운 일이 일어났다. 눈물이 날 지경으로 추웠다. 눈이 펑펑 쏟아지고 골목마다 눈보라가 휘몰아쳐 갈팡질팡 넘어지고 미끄러지는 사람도 많았다.

그날 친구와 백화점에서 스카프를 사고 따뜻한 원두커피를 마시며 옛이야기에 해 저무는 줄 몰랐다. 시계를 보니 해는 서산을 넘어가는 시간이었다. 집집마다 전등불이 켜지기 시작했다.

대문 앞에 서서 가방을 열고 내가 가지고 다니는 열쇠를 찾았다. 없었다. 집안에 두고 나온 것이었다. 열쇠가 없으니 집안으로 들어갈 수가 없었다. 해가 지자 점점 바람이 세차게 불었다. 손은 얼어 터질 것만 같고 몸은 사시나무 떨듯이 떨렸다. 공교롭게도 열쇠를 맡겨둔 이웃집엔 불이 꺼져 있었다. 돌계단에 바짝 붙어 서서 열쇠를 맡긴 집 대문을 주시하며 주인이 오기만을 기다렸다.

밤이 되어갔다. 길거리에 오가는 사람들을 눈이 빠지도록 살폈다. 모두 그 집으로 오는 사람들 같은데 모두 아니었다. 그 집 앞을 비켜가는 사람들이 무정하게 보였다. 불빛이 없는 골목길은 무섭기 까지 했다. 나뭇가지가 바람을 타면서 검은 그림자가 내 앞을 휙휙 스쳤다. 나무라는 것을 알면서도 그럴 때마다 가슴이 철렁 내려앉곤 했다.

실싱가상으로 눈까지 내렸다. 나뭇가지는 바람에 눈을 털어내면서 나에게 흩뿌렸다. 얼굴이 얼얼했다. 코끝이 시큰하면서 눈물이 솟구쳤다. 그때서야 문득 "열쇠를 맡긴 이웃집 주인은 저녁밥을 먹고 나면 곧바로 잠자리에 든다고 했던 말"이 떠올랐다.

잠이 들었다면 어떻게 해야 하나? 벨을 누르면 주인의 잠을 방해할 것이었다. 벨에 몇 번 손을 댔지만 손끝이 떨려 누루지 못했다. 그만두고 말았다. 더 기다려보기로 했다. 아직 초저녁이니 혹시 가족들 중 누가 외출에서 돌아올지 몰라 기다렸다. 길 고양이들이 나를 경계하면서 쳐다보다가 담장위로 뛰어 올랐다가는 달아났다. 양볼과 코끝이 시려 더는 못 참을 것 같았다.

에라, 모르겠다. 나는 힘껏 벨을 눌렀다. 한참을 누르자 잠에 취한 텁텁한 목소리가 들렸다.

"누구세요?"

나는 작은 목소리로 "예 미안합니다. 앞집이에요."라고 했다. 그런데 또다시 "누구세요?"라고 했다.

"저 앞집인데요."

잠옷을 입은 채 그 집 며느리가 나왔다 자초지종 이야기를 듣고는 열쇠를 내주었다.

우리 집 대문이 찰칵 열렸다. 살 것만 같았다. 열쇠의 소중함이 뼈가 저리도록 느꼈다. 다음날 다시 열쇠를 이웃집에 맡겼다. 그리고 다시 열쇠의 소중함을 잊어버렸다. 그리고 다음 해 봄을 맞았다. 봄비가 내렸다. 비바람이 동네 골목길을 휘젓고 다녔다 골목길에 사방에서 날아온 쓰레기가 어지럽게 굴렀다. 아침 일찍 나가 골목길을 쓸었다. 그리고 집으로 들어가려는데 대문이 바람에 확 닫쳐버리고 말았다.

철컥 대문이 잠겨버렸다. 7시가 조금 넘은 시간이었다. 또 막막해졌다. 아침 이른 시간에 남의 집 벨을 누른다는 것이 쉽지 않았다. 또 한참을 대문 앞에서 서성였다. 누가 나오기를 기다렸지만 학생이 없는 집이라 꼼짝하지 않았다. 20분? 아니 10분쯤 기다리며 서 있는데 한 시간쯤 기다린 것만 같았다. 이번에도 눈 찔끔 감고 이른 아침 남의 집 벨을 눌렀다.

지난겨울처럼 다시 맡겨놓은 열쇠를 대문을 열면서 열쇠에 대하여 많은 생각을 했다. 힘든 문제를 해결하는 방법을 열쇠라고 부른다는 것은 얼마나 적절한 표현인가하고 생각했다. 열쇠는 그런 것이었다. 꽉 막힌 숨통을 트여주는 구원이었다. 그렇다면 꽉 막힌 마음을 풀어주는 마음의 열쇠는 무엇일까?

현명한 사람들, 지혜로운 사람들은 그렇게 말한다. 꽉 막힌 마음을 푸는 열쇠는 자기 안에 숨어 있다고, 사람들은 자기 안에 그 소중한 열쇠를 맡겨놓고도 그걸 찾을 생각을 하지 않는다고 답답해한다. 내 마음속에 내가 맡겨놓은 열쇠를 찾고 싶다. 그것은 언제나 생각하며 사는 것이 답이라고 했다. 생각하기를 날마다 연습하면서 사는 것이라고 했다.

흉터와 눈물

무더운 여름을 벗어났다. 초가을이 되자 하늘에는 새하얀 꽃구름이 흘렀다. 그녀는 모임에 가려고 양말을 신다가 문득 행동을 멈추었다. 그동안 많은 세월이 흘렀는데도 발등에는 마치 훈장처럼 흉터가 남아있었다. 흉터를 보자 눈물이 솟구쳐 올랐다. 아득한 시집살이가 떠오를 때마다 그녀는 하늘을 바라보며 다시는 이 세상에 그런 시어머니가 없기를, 그런 며느리가 없기를 빌고 또 빌었다.

추석 전날 아직 무더위가 떠 날줄 몰랐다. 슬레이트 지붕 밑에 연탄아궁이가 열기를 더욱 뿜어댔다. 그녀는 비좁은 부엌, 42킬로그램의 몸무게에 갓난아기를 등에 업고 있었다. 허리를 펴고 똑바로 서서 물통을 들고 부엌을 나갈 수가 없었다. 샛방이라 시멘트 담장에 지붕이 걸쳐있는 부엌이었다. 바닷게처럼 작은 물바가지를 들고 옆으로 나가야만 했다.

비좁은 부엌에서 백자기 주전자를 씻다가 그만 손이 미끄러져 백자기 주전자를 떨어뜨렸다. 발등에 떨어진 백자기는 시멘트벽에 부딪쳐서 두 동강이 나고 말았다. 목을 길게 빼어 올리고 귀품 있게 두 손을 모아 조금씩, 조금씩, 찻물을 손님에게 대접 하던 백자기 주전자가 긴 목이 떨어졌다.

허리와 배가 균형 잡힌 여인처럼 고귀한 백자기 몸매가 깨져 그녀 발을 붙잡고 넘어졌다. 백자기 주전자에게 늘 뜨거운 물만 먹였더니 배가 아파서 갈라졌을까? 깨진 백자기 안에는 어제 저녁에 남편 친구들이 와서 비싸다는 새잎녹차를 우려낸 탓에 푸른 찻잎을 토해냈다. 녹차 찌꺼기는 사방으로 흩어지고 설거지통에는 아직 덜 씻은 그릇들이 녹차 찌꺼기로 뒤덮였다.

그녀는 발이 몹시 아팠지만 아픈 발을 살펴 볼 시간이 없었다. 시댁에 갈 시간이 바빴다. 기차를 타야 했다. 서둘러 설거지를 하고 아이 귀저기를 걷어 개켜서 가방에 넣고 버스를 타고 기차역까지 가야 했다. 마음이 바빠 마음이 콩죽이 넘는 솥처럼 끓었다. 시동생 밥 먹은 것까지 치워야 하고, 문단속도 해야 했다. 남편은 출근을 했다.

시골까지 가야하니 아이를 업은 탓에 온 몸에 땀범벅이 되어야 했지만 워낙에 마른 몸이라 몸에서 땀도 나지 않았다. 아기를 업은 등에만 땀이 조금 흘렀다. 귀저기를 빨아 삶아서 쓰던 때라 귀저기만 해도 한 가방이었다. 거기다 추석 선물로 대소가 큰집 작은 집 시부모님에게 드릴 것을 준비했다. 아이는 등에서 울고 양손에 손목이 휘어지도록 들고 완행열차에 숨 가쁘게 올랐다.

기차를 타고 갈 때에야 발등이 몹시도 아파왔다. 자리에 앉아 살펴보니 발등에서 아직도 피가 흐르고 있고, 신발에는 고인 피가 말라가고 있었다. 시댁이 왜 그렇게 무서웠을까? 친정집 간다면 주저앉아 약이라도 바르고 갔을 것이었다. 시댁에 가는 길은 시간이 바쁘고 마음이 조급해서 상처 따위는 생각조차 하지 못했다.

큰집 동서는 제주도에서 와야 했고, 거리상 늘 늦게 왔다. 그래서 시댁에서는 둘째 집 며느리인 그녀가 오기를 기다렸다. 그녀는 갓난아기를 시댁에 눕혀 놓고, 큰집에 가서 일을 해야 했다. 갓난아기 딸은 순해서 배가 고파도 몇 번 울다가 젖을 먹지 않고도 입만 쫑긋거리다가 힘이 없어 그냥 잠에 빠졌다.

그렇게 스스로 지쳐 자는 아기가 안쓰러워서 "아기 젖 줄 시간인데요."라고 하면 시어머니는 자는 아이를 향해 혀를 끌끌 차며 눈을 허옇게 흘기며 어림없다는 식으로 말했다.

"딸아이 젖먹이는 일이 뭐가 그리 중해서, 일 끝내놓고 줘도 안 늦어. 제사음식 하는 사람이 정신을 어디다 쏟는 기고."

시어머니의 말에 큰어머니, 작은어머니, 모두 말이 없었다. 시어머니는 며느리가 딸을 낳았다는 이유로 구박을 넘어 학대를 서슴지 않았다. 아들 낳지 못한 인간은 문지방을 넘어서는 안 돼, 삼시 세 깨 밥 먹을 자격도 없다고 했다. 어쩌다 자기 몸과 스치기도 하면 며느리를 사정없이 밀어붙이기 일쑤였다.

한번은 나무를 쌓아둔 곳을 지나갈 때 시어머니 팔에 그녀의 팔이 닿았다. 그러자 시어머니는 그녀를 나무가 쌓여 있는 곳으로 밀어붙였다. 그녀는 나무 단으로 넘어져 얼굴을 할퀴었다. 이마에서 피가 조금 베어났지만 시어머니는 더욱 화를 내면서 제대로 걷지도 못한 게 시집은 왜 왔느냐고 퍼부었다. 시어머니는 아들이 혼외 자식이라도 아들을 낳아오기를 바랐다.

시어머니는 곧잘 아들을 불러 놓고 훈계를 했다. “기집과 자식은 골골이 있는 법이나, 부모 형제는 하나뿐이니 기집 말을 들어서는 안 된다.”고 가르쳤다. 부모나 형제가 일 순위라며 누누이 당부한 것이었다. 시어머니 말에 순종하는 남편은 그것이 부모에게 효도한 것이라고 생각했다. 부모형제는 끔찍하게 생각하는 남편 역시 아내는 시댁에 순종하는 종으로 알았다. 그리고 남편은 마치 효도를 하듯이 딴 여자들과 온갖 짓을 하는데 몰두했다. 그런데 신기하게도 아들은 낳아오지 않았다. 공무원 신분이니 그건 어쩔 도리가 없었을 것이었다.

배고픈 아이는 하루 종일 귀저기 한 번 갈아주지 못 했다. 먹은 것이 없는 탓인지 하루종일 귀저기가 뽀송뽀송했다. 젖은 퉁퉁 불다 못해 수도꼭지를 반쯤 틀어 놓은 것처럼 젖이 줄줄 흘러 내렸다. 흘러내린 젖은 상의 속옷을 적시고도 모자라 하의 속옷까지 몽땅 적셨다. 상의 겉옷은 젖어 풀을 먹인 것처럼 뻣뻣했다. 몸에서는 젖비린내가 물씬 거렸다. 젖이 흘러 버려져도 아기에게 먹이지 못한 며느리는 어쩔 수 없이 그런 시어머니와 남편에게 종이 되어 살아야 했다.

시집이 무엇인지? 그녀는 말 한 마디 못하고 그냥 묵묵히 일만 했다. 시집살이는 시키면 시키는 대로 해야 한다는 생각으로 일을 한 것이었다. 옛 말에 벙어리 삼년, 장님 삼년, 귀머거리 삼년이라는 시집살이를 생각하면서 그것이 시집살이의 근본인 것처럼 살았다.

발등에 난 상처는 몇 달이 지나도록 계속 피가 나왔다. 가루약을 바르고 반창고를 붙여보아도 피가 계속 조금씩 나왔다. 상처가 따끔거리며 아팠다. 세월이 가면 낫겠지, 라고 생각하며 미련하게 인내했다. 마치 시어머니와 남편에게 종처럼 순종하듯이 자기 몸에 아픔도 종처럼 참았다.

그러나 점점 더 아파 어느 날 시장가는 길에 외과병원에 들렀다. 의사 선생님이 현미경으로 살피더니 눈에 잘 보이지 않는 사금파리가 박혀있다며 놀랐다.

"사람이 이래가지고 어떻게 견뎌요."

의사 선생님은 이해가 가지 않는다며 고개를 갸웃거리면서 깨진 백자기 조각을 꺼내 그녀에게 보여주었다.

그녀의 발등에 박혀 몇 달을 찔러댄 백자기 조각이 그녀를 노려보았다. 마치 시어머니의 눈빛처럼 매섭고 날카로웠다. 조각은 아직도 그녀를 덜 괴롭혔다는 듯이 표정이 험악했다. 그녀는 그것을 휴지에 싸서 멀리멀리 버렸다. 그걸 버리고나자 지금까지 무서운 시집살이를 청산한 기분이었다.

볼펜과 시인

사람들은 글을 쓸 때 가장 진실해지고 진지해 진다. 마치 하나님 앞에 기도하듯이 깨끗하고 정직한 마음이 되는 것이다. 그래서 사람들은 글을 쓸 때 행복해 한다. 또한 우울해 하며 울기도 하고, 화를 내기도 한다.

사람들이 기뻐할 때는 나도 기쁘다. 사람들이 슬퍼할 때나 화를 낼 때는 나도 힘이 들게 마련이다. 울거나 화를 낼 때는 볼펜심에 너무 힘을 주기 때문이다. 마치 고속기차가 달리듯이 마구 써 내리기 때문이다. 뿐만 아니라, 심할 때는 볼펜을 탁 던져버리기도 해 무서울 때도 있다.

반대로 미소를 지으며 글을 쓸 때는 나도 행복해진다. 부드럽고 감미롭게 볼펜심을 굴리기 때문이다. 그러나 사정이 어떠하든지 나는 그들과 함께 할 때 의미를 가진다. 그래서 그들을 사랑한다. 그들이 슬퍼하든지 기뻐하든지 화를 내든지 어떠하든지 그들이 있어야 내가 존재하기 때문이다. 그들이 나를 사용해주어야 비로소 내가 살아있기 때문이다.

나는 볼펜으로 태어나 세 사람을 만났다. 맨 처음에는 남자 중학생 민수를 만났다. 민수는 착한 학생이라 곱게 글을 썼다. 물론 엄마에게 꾸중을 듣는다든지 친구와 다툰 날에는 볼펜에 힘을 주고 팍팍 긁듯이 글을 썼지만 곧 안징이 되곤 했다. 그런데 민수는 나를 잃어버리고 말았다. 민수가 나를 잃어버린 것은 자기 외삼촌 집에서였다. 나는 자연스럽게 민수 외삼촌 윤식 씨 손에 들어가게 되었다.

윤식 씨는 나를 민수가 잃어버리고 간 것인 줄 모르고 있었다. 처음부터 자기 것인 줄 알고 그냥 사용하기 시작했다. 하긴 나처럼 생긴 볼펜이 어디 한둘 이어야지. 그런데 윤식 씨는 성질이 급하고 약간 껄렁한 대학생이었다. 그는 전화를 받다가도 기분 나쁜 소리를 들으면 종이에다 볼펜심을 꽉 누르고 있는 힘을 다해 그어댔다. 특히 여자 친구와 전화를 하다가 무슨 일로 화가 나면 더 그랬다. 그럴 때는 목이 졸려 숨이 끊어질 것만 같았다. 뿐만 아니라 윤식 씨는 자기 혼자 화를 낼 때도 나를 자기 머리에 대고 "이런 바보, 이런 바보!"라면서 탁탁 쳤다. 그건 계란으로 바위를 치는 격이었다. 나는 계란이고 윤식 씨 머리는 바위 같았다.

내가 세 번째 만난 사람은 시인이었다. 나는 윤식 씨로부터 부산 해운대 바닷가에 버려졌다. 그날 윤식 씨는 여자 친구와 만나 재미있게 놀면서 이야기를 하더니 갑자기 싸우기 시작했다. 여자 친구가 토라져서 가버렸다. 윤식 씨는 "가지 마, 가지 말라고!"라며 고래고래 소리를 지르면서 들고 있던 가방을 모래밭에 내동댕이쳤다. 그때 가방이 약간 열렸다. 나는 그 틈새로 빠져나오고 말았다.

속이 시원했다. 사람도 사람을 잘 만나야 하지만 물건도 주인을 잘 만나야 살맛이 나기 때문이다. 그래서 나는 토라져서 가버린 윤식 씨 여자 친구가 부디 윤식 씨와 헤어지기를 빌었다. 성질머리 나쁜 윤식 씨의 손에서 해방되자 자유가 이런 것인가 싶었다. 바다가 한눈에 들어왔다.

끝없는 바다를 바라보며 나는 원대한 꿈을 마음껏 꿀 수 있었다. 나는 정말 해운대 바닷가 모래밭에 버려진 것에 감사했다. 만약 길바닥에 버려졌더라면 사람들 발에 밟혀 산산조각 작살이 났을 것이기 때문이다. 물론 모래밭에서도 사람들 발밑에 밟히는 것은 피할 수가 없었다. 그런데 모래밭에서는 사람들 발에 밟혀도 살아남을 수 있었다. 사람들이 밟으면 모래 속으로 깊숙이 파고 들어가 묻혔다. 모래가 보호를 해주어 아프지도 않았다. 나는 수십 번 사람들 발길에 밟히거나 채여 모래 속에 묻혔다. 그대로 묻혀서 영원히 무덤 속으로 들어가 버리는 것인가 싶으면 또 다시 어떤 발길이 모래를 슬슬 쓸고 다니면서 나를 밖으로 드러나게 하는 것이었다. 또 갈매기들이 종종 모래밭에 앉아 쉬면서 나를 발굴하여 부리로 굴리며 놀다가곤 했다.

파도가 올라왔다 내려갔다 반복하듯이 나는 해운대 바

닷가 모래밭에서 그렇게 묻혔다가 나오기를 반복하면서 열흘을 살았다. 열흘 동안 살면서 사람들이 얼마나 쓸쓸하고 외로운지를 알 수 있었다. 바닷가에 나온 사람들은 다 즐겁고 행복해 보이지만 절대 그렇지 않았다. 바다를 찾아온 사람들 절반은 가슴속에 먹 바위 하나 정도는 안고 있었다.

그들은 바닷가에 나와 바다를 바라보면서 한숨을 쉬기 일쑤였다. 어떤 사람은 눈물을 흘리기도 하고 어떤 사람은 혼자 뭐라고 소리를 지르기도 했다. 남자들은 술에 취해 울기도 하고 괜히 남에게 시비를 걸어 싸우기도 했다. 그럴 때는 모래밭은 씨름장이기도 했다. 한 번은 술 취한 남자와 그렇지 않은 남자 둘이 서로 붙잡고 정말 씨름을 하듯이 붙었다. 술 취한 남자가 졌다. 그때 모래밭에 엎어진 술 취한 남자가 두 팔로 모래밭을 헤엄치듯 허우적대다가 나를 움켜쥐었다. 남자는 나를 쥐고 일어나더니 상대 남자에게 달려들었다. "야, 이 새끼, 이걸로 눈깔을 파버릴 거야."라고 하면서 달려들었다. 그러자 상대남자가 번개처럼 달려들어 나를 빼앗아 던져버렸다. 나는 위기를 면했다. 자칫했으면 남의 눈을 빼버릴 무기가 될 뻔했기 때문이다.

그러나 하루하루 시간이 가면서 고독해지기 시작했다. 백수가 된 탓이었다. 바닷가 모래밭에서는 글을 쓸 일이 만무했다. 무용지물이었다. 마치 빈 조개껍질처럼 모래밭에서 살다가, 그렇게 살다가 못 쓰게 되고 말 것이 뻔했다.

나는 비로소 세상에 태어나 산다는 것이 무엇인지 실감했다. 내가 해야 할 일이 무엇인지, 나는 글을 써야 비로소 의미를 가질 수 있다는 것을 깨달았다. 그렇다면 사람을 만나야 했다. 비록 성질 급한 윤식 씨 같은 사람일지라도 사람을 만나야 했다. 그러나 넓고 넓은 모래밭에서 나란 존재가 사람의 눈에 뛰기란 하늘의 별 따기였다. 아무도 나 같은 존재를 발견하지 못했다. 당연한 일이었다. 바다를 구경하러 온 사람들이 모래밭에 떨어져 있는 볼펜 따위를 누가 거들떠나 볼 것인가.

나의 고민은 그때부터 깊어졌다. 밤마다 찬란하게 빛나는 별을 향해 기도했다. 사람의 손에 들어가게 해 달라고, 기왕이면 아름다운 사람의 손에 들어가게 해 달라고 기도 했다. 내가 기도할 때마다 파도가 약을 올리듯 와르르 몰려왔다. "어림 턱도 없는 소리 말라"는 듯이 자꾸 파도가 몰려왔다. 그래도 나는 의지를 굽히지 않고 기도했다. 별은 내 소원을 들어줄 것처럼 열심히 반짝였다.

드디어 소원이 이루어졌다. 시인을 만났다. 한여름 8월이었다. 해가 질 무렵, 한 여성이 혼자 바다를 바라보고 있었다. 파도가 밀려오는 곳까지 내려가 쪼그리고 앉더니 손가락으로 젖은 모래에 뭔가를 썼다. 그녀가 뭔가를 써놓으면 심술 궂은 파도가 쫓아와 지워버리고 갔다. 그녀는 다시 썼다. 다시 파도가 쫓아와 지워버렸다. 그렇게 한참을 하더니 그녀는 주위를 두리번거렸다. 손가락이 아픈지 손을 털며 글을 쓸 무언가를 찾는 것이었다. 그녀는 조개껍질을 주어들고 글을 썼다. 그런데 다시 놓아버리고 말았다. 해운대 바닷가 모래밭에는 글을 쓸 만한 조개껍질이 없었다. 너무 작아서 손에 쥐어지지도 않는 것들이었다.

그녀는 다시 모래밭을 헤적이다가 나를 발견했다. 그녀는 마치 진기한 보물이라도 발견한 것처럼 얼굴이 환희로 가득 찼다. 정말 별 것도 아닌 나를 주워 들고는 눈물이라도 흘릴 것처럼 좋아했다. 나는 속으로 "볼펜 한 자루도 살 수 없이 몹시 가난한 사람인가?"라는 생각이 들었다. 그런데 나중에 알고 보니 가난해서가 아니라 그녀는 글을 쓰는 물건을 애지중지하면서 행복해 했다.

그녀는 나를 쥐고 모래밭에 글을 쓸 줄 알았는데 뜻밖에도 가방에서 종이를 꺼내 거기에다 내가 살아있는지 죽었는지 테스트하기 위해 그어보았다. 나는 아직 수명이 창창한 탓에 미끄러지듯 글씨를 써나갔다. 그녀는 고대 히포크라테스가 남긴 명언 "인생은 짧고 예술은 길다"라고 썼다. 그런 다음 나를 한참이나 자세히 살피더니 다시 "살아가는 이유를 아는 사람은 어떤 시련도 이겨낼 수 있다"라고 썼다.

물론 나를 테스트하기 위해 연습 삼아 써본 글이지만 나는 그녀가 두 번째 쓴 말에 감동했다. 꼭 나를 두고 하는 말 같았기 때문이다. 나야말로 살아가는 이유가 뚜렷하다. 이것은 자화자찬이 아니라 누가 생각해도 나는 글을 쓰기 위해 태어났기 때문이다. 비록 바닷가에 버려져 이대로 영원히 모래밭에 묻혀버릴 수 있는 확률이 높지만 그래도 나는 무언가 좋은 글을 쓰고 죽어야 한다는 굳은 의지를 버리지 않았기 때문이다.

나는 단번에 그녀가 무얼 하는 사람인지 알아봤다. 그녀는 적어도 생각하며 살아가는 사람이라는 것, 적어도 사람이 왜 사는지를 고민하는 사람이라는 것을 눈치 챘다. 그렇다면 글을 창작하는 사람일 것이었다. 나는 그녀에게 선택받고 싶었다. 이제 내 운명은 그녀 손에 달려 있다는 생각이 들었다. 나는 속으로 빌고 빌었다. "제발 나를 가져가 주세요."라고 간절히 빌었다.

아, 그런데 내 소망이 이루어졌다. 그녀는 손바닥으로 나를 쓰다듬으며 모래를 털어낸 다음 가방 속에 집어넣었다. 나는 그렇게 바다를 떠나 다시 글을 쓸 수 있는 곳으로 돌아올 수 있었다.

그녀와 생활이 시작되었다. 기대가 되었다. 그녀는 시간만 나면 글을 썼다. 볼펜심에 불이 날 지경이었다. 대학노트는 물론 달력 뒷면에도 썼다. 심지어 가계부에도 시금치, 콩나물, 계란, 두부 등등 먹 거리를 쓰고는 여백마다 일기를 썼다.

그런데 그녀는 슬픈 글을 썼다. 날마다 눈물을 감당하지 못하는 글을 쓴 것이었다.

"내 아가야, 내 아가야, 보고 싶구나. 오늘밤처럼 별이 유난히 반짝이는 날에는 미치도록 우리 아기가 보고 싶구나……."

나는 처음에는 말문이 막히고 말았다. 그녀의 가슴에는 먹 바위가 아니라 천둥번개 같은 억장 막힌 슬픔이 숨어 있었기 때문이었다. 나는 그녀와 함께 계속 그런 슬픈 글을 써야 했다. 그녀는 한 번 나를 잡으면 밤이 새도록 놓지 않고 글을 썼다. 글을 쓸 때마다 뚝뚝 눈물을 흘렸다. 별이 찬란한 밤이나 달이 뜬 밤이면 더했다.

내가 비닷가에서 빛나는 별을 보며 빌었듯이 그녀도 별을 보며 "아가야, 넌 어느 별이 되었니?"라고 하며 울었다.

그녀는 가족들이 있을 때는 이를 악물고 울음을 참았다. 그랬다가 가족들이 모두 출근을 하고 나면 울었다. 종종 산으로 올라가 아무도 없는 산에서 하늘을 향해 마음껏 소리 내어 울었다. 소나무며 참나무를 붙잡고 흔들며 울기도 하고 바위를 손으로 긁으며 울었다. 그렇게 그녀가 소리쳐 울 때면 울음소리가 천둥치듯 했고 번개처럼 가슴에 번쩍 번쩍 금이 갔다.

그녀는 딸을 사고로 잃어버린 커다란 슬픔을 안고 있었다. 딸을 잃고 다른 가족들 몰래 혼자 울면서 하루하루를 사는 것이었다. 오로지 나에게 의지했다. 물론 나 이전에 수많은 볼펜을 사용한 흔적이 있었다. 무슨 일인지 그녀는 다 쓴 볼펜을 모았다. 커다란 통에 한가득 다 써버린 볼펜이 담겨 있었다. 그만큼 볼펜들이 써놓은 노트가 수북이 쌓여 있었다. 나도 조만간에 수명을 다하면 그 통 속으로 들어갈 것이었다. 그때까지 나는 그녀와 한마음 한뜻으로 글을 써야할 것이었다.

그녀에게는 버젓이 남편이 있지만 남편은 위로 대신 상처를 주기에 바빴다. 남편은 그녀를 함부로 대했다. 마음대로 화를 내고 내키는 대로 욕을 퍼부었다. 그녀는 그것을 다 받아들였다. 조선시대 학대받은 가엾은 여인들 같았다. 자식을 잃었는데도 남편은 아무렇지도 않은 것처럼 보였다. 물론 속마음은 알 수가 없지만 행동으로 봐서는 그랬다. 그래서 그녀는 글을 쓰면서 혼자 울었다. 하늘과 별과 달과 산을 보며 울었다.

나는 그녀를 위해 내 혈관을 아낌없이 열어젖혔다. 그녀는 글을 쓰고 나면 비로소 위로를 얻었다. 그녀는 시를 썼다. 마치 물 흐르듯이 시를 쓰고 또 썼다. 그렇게 해서 그녀가 첫 시집을 내던 날을 나는 기억한다. 잃어버린 자식을 찾은 것처럼 책을 끌어안고 펑펑 울고 있는 것을 보았다. 내가 시인을 만나 그것으로 나의 수명은 끝이 났고, 나는 드디어 다 써버린 볼펜들이 모여 있는 통 속으로 들어갔다.

내가 통 속으로 들어간 후 시인은 컴퓨터로 글을 쓰기 시작했다. 다행히 나는 시인에게 많은 작품을 선물하고 내 수명이 끝난 것이다. 이제 나는 시인과 함께 더 이상 글을 쓰지는 못하지만 시인을 지켜보고 있다. 시를 쓰는 일로 하여 차츰 행복해져가는 시인의 모습을 보고 있다. 시인이 바닷가에서 나를 처음 발견했을 때 종이에 써본 글 "살아가는 이유를 아는 사람은 어떤 시련도 이겨낼 수 있다"는 말이 비로소 실감이 난다. 시인은 살아가는 이유를 알았으므로 그것이 그녀를 지켜줄 것이라고 나는 믿는다.

전설의 꽃 금은화

동양이나 서양이나 꽃들은 전설을 안고 있다. 물론 여러 가지 지역도 전설이 많지만 꽃들이 갖고 있는 전설은 아름답고 슬프다. 인동초의 꽃 금은화도 마찬가지다. 어린 시절 어머니가 인동 초 줄기를 삶은 물로 감주를 해주었다. 한겨울 살얼음이 둥둥 뜬 인동초 감주를 먹으면 열이 쑥 내렸다. 아픈 배도 나았다.

금은화는 무엇보다도 열이 날 때 감쪽같이 열을 내려주는 꽃이다. 해마다 이른 봄 내 고향 안동 성주 산에 인동

꽃이 많이도 피었다. 어머니는 지금 성주 산에 누워있다. 인동 꽃 감주를 맛있게 해주시던 어머니가 겨울에 더 그리운 것은 금은화 때문이다.

한겨울에도 새파랗게 살아 있는 인동초는 봄이면 황금빛깔과 하얀빛을 띤 꽃을 피운다. 하얀 꽃송이는 벌과 나비가 오지 않고, 노랗게 핀 꽃은 벌 나비가 날아와 입맞춤을 한다. 이유는 알 수가 없지만 아마도 노란 꽃은 언니 꽃이고 하얀 꽃은 나이가 더 어린 동생 꽃이라서 그런가 싶다.

동지섣달 긴긴밤 어둠이 일찍 찾아온 산골짜기 작은 마을에는 거친 바람소리 때문에 좀처럼 잠을 이룰 수가 없다. 바람은 산천을 쓸고 내려와 동네 어귀부터 길을 쓸고 골목마다 누비고 다닌다. 뿐만 아니라 집집마다 대문을 밀어 젖히듯 밀고 쳐들어와 여기저기 물건들을 뒤죽박죽 굴리며 놀다가는 새벽이면 도둑처럼 마당을 빠져나와서 다시 산골짜기로 숨어들곤 한다. 바람은 겨울이 끝나도록 폭군처럼 그렇게 반복된다.

눈보라가 살을 저미듯 몰아쳤다. 한 치 앞도 보이지 않게 눈이 펑펑 쏟아졌다. 바람이 불어 가슴은 눈보라를 안고 걸어가야 한다. 걸어온 길이 뒤로 밀려가기도 한다. 다시 뒤에서 밀어준 바람이 있다. 발목이 푹푹 눈 속에 빠졌다. 혹독한 겨울은 땅이 갈라지듯 칼바람이 눈과 함께 몰려다닌다.

금화 아버지는 넘어지지 않으려고 안간힘을 썼다. 사십 리 길을 눈보라를 맞으며 산길을 걸었다. 광목 풀 먹인 두루마기를 입고, 발에는 광목 버선을 신었다. 발이 꽁꽁 얼어 얼음덩이 같다. 정신력 하나로 걸었다.

새벽에 집을 나설 때는 짙은 회색빛 구름만 잔득 끼었는데 집으로 돌아가는 도중에 눈보라가 앞을 가린 것이다.

무명실로 짠 목도리 하나로 얼굴과 코를 막고 걸었다. 입김이 올라와 눈썹이 하얗게 얼었다. 수염은 긴 고드름이 달랑거린다. 밤새 열에 시달리는 딸 금화를 살리기 위해 읍내 조 약방을 찾아 간 것이다. 조 약방은 돈도 안 받고 병을 고치는 방법을 가르쳐주었다.

아이들을 키우면서 조 약방이 시키는 대로 했다. 아이들은 열이 나면 경기를 했다. 그때마다 바늘로 열손가락 끝마다 따고 열 발가락 인중을 따 피를 냈다. 아이들은 그때마다 위기를 넘겼다. 배가 아플 때는 청 돌을 달구어 수건에 사서 배꼽 위에 얹어 주라고 했다. 길이 멀어서 환자를 약방으로 데려 갈 수가 없을 때는 그렇게 하고 살았다.

약방에는 사람들이 언제나 길게 줄을 서서 기다린다. 드디어 차례가 되었다. 조 약방 의원이 금화 아버지에게 종이에 조약화제를 써주었다. 금화 아버지는 그것을 두루마리 속주머니 속에 보물보다 더 귀하게 간직하고 산길 고개를 넘어 집으로 향했다.

집에서는 금화 어머니가 고열로 몸이 펄펄 끓는 금화를 살리겠다고 방에 장작불을 넣었다. 아궁이에 방바닥이 설설 끓을 정도로 지펴 놓고, 한편으로는 팔팔 끓인 물에 참기름 한 방울 타서 먹였다. 금화는 엄마가 시키는 대로 입에서 열이 확확 올라오는 것을 참으며 마셨다. 고열이 나는 몸에 뜨거운 방에 뜨거운 물을 마시자 금화는 속에서 천불이 올라와 정신없이 구토를 했다.

금화 아버지는 아픈 딸을 생각하면서 캄캄한 밤길을 걸으며 걸음을 재촉한다. 검게 타들어간 것 같은 어두운 산골짜기에 하얀 눈을 이고 있는 청솔이 하얀 명주 수건을 둘러 쓴 처녀귀신처럼 보였다. 등골이 오싹해 졌다. 바람은 윙윙 산을 흔들고 귀신소리를 방불케 하는 소리를 내는 탓에 더 무서웠다.

경상북도 끝자락 봉화재를 넘어 구불구불 산길은 가도 가도 산이다. 귀신뿐만 아니라 여우의 울음소리도 멀리서 들린다. 호랑이도 나올 것만 같다. 숲속 어디선가 불을 켠 짐승들 눈빛이 지나가곤 했다. 나무란 나무들이 모두 귀신처럼 보였다. 귀신도 무섭고 짐승도 무섭고 사람도 무서웠다. 누가 산속에서 느닷없이 튀어 나올 것만 같았다.

좌측으로 구비 진 산길을 이 십리쯤 내려가면 거촌이란 동네가 있고, 우측으로 이십 리쯤 내려가면 하이골이란 동네가 있고, 하이골 산골짜기에는 수많은 군인들이 전사를 한 곳이라서 여기저기 녹슨 철모가 있었다. 금방이라도 해골들이 사방에서 곤두박질치듯 굴러 올 것만 같았다.

거촌이란 마을은 피난민들이 모여 사는 움막 촌이다. 그들은 산에다 굴을 파서 나무를 얼기설기 이어놓고 토굴 움막 속에 산다하여 거지동네란 말은 차마 못 하고 거촌이라고 했다. 거촌 사람들은 먹을 것이 없었다. 쌀을 찧을 때 나온 부드러운 등겨를 빵처럼 쪄먹거나 보리쌀 한 사발을 맷돌에 갈아 죽을 쑤어 멀겋게 물처럼 마셨다. 그들은 아침때가 되면 십리, 이십 리를 걸어 읍내로 나가 밥을 얻어가곤 했다. 읍내 사람들은 누룽지를 모아두었다 그 사람들이 불쌍해서 주곤 했다.

금화 아버지는 종교는 없지만 "관세음보살님, 부처님, 제발 내가 집까지 도착할 때까지 우리 금화 목숨 살려 주이소! 큰 바위님, 제발 내가 집까지 무사히 갈 수 있게 살펴주시고 도와 주이소!"라고 빌고 또 빌었다. 무명 버선은 얼음을 신고 걸어가는 것 같아 미끄러웠다. 눈은 조금씩 그치고 길모퉁이를 돌아 갈 때마다 검은 그림자가 뒤따라오는 것만 같았다. 머리끝이 삐쭉 서기도 했다. 무서운 마음을 지우기 위해서 지난날 좋았던 일을 생각하기로 했다.

금화 아버지는 18세에 15세인 금화 어머니와 결혼했다.

십년 동안 자식이 생기지 않아서 동네 어귀에 있는 당산나무에 색동 줄을 매어놓고 백일기도를 했다. 새벽에 가장 먼저 옹달샘을 찾아가 물을 길어다 정한수를 떠 놓고 기도를 드리기도 했다. 뿐만 아니라 새벽에 멀리서 예배당 종소리가 울리면 두 손 모아 기도를 드렸다.

하늘에 북두칠성님께도 기도를 했다. 어떤 신이 은혜를 내려주실지 몰라 닥치는 대로 기도를 하고 정성을 들였다. 그렇게 하여 예쁜 딸을 얻었다. 금쪽 같이 귀하고 예뻐 이름을 금화라고 지었다. 그 다음 해에는 은 같은 은화를 낳았다. 그래서 그는 금화와 은화의 아버지가 되었다. 매일 집안에 웃음꽃이 피었다. 부부는 행복 했다. 그리고 금화가 열 살이 되었는데 몸이 불덩이처럼 열이 올랐다 며칠이 지나도 열이 내리지 않았다. 목숨보다 귀한 딸을 살리려고 조 약방을 찾아 40리 길을 새벽부터 걸어갔다 오는 길이다.

집에 돌아온 금화 아버지는 조약처방대로 일을 시작했다. 진흙덩이를 뭉쳐서 쇠솥 밑에 꾹 눌러 발라놓고 불을 땠다. 불에 진흙덩이가 달구어지면 찬물에 흙덩이를 담갔다. 불덩이로 변한 진흙덩이가 들어가자 찬물이 용솟음치듯이 펄펄 끓어올랐다. 금화 아버지는 그 물을 바가지에 담아 금화가 누워있는 방으로 들어갔다

금화는 눈을 감은 채 조용히 누워있었다. 금화 아버지는 눈을 감고 누워 있는 금화 입에다 그 물을 떠 넣었다 물이 입 밖으로 조르륵 흘려내리고 말았다. 다시 금화 입을 벌리고 물을 정성들여 떠 넣었다. 물은 떠 넣은 대로 모두 입가로 흘려 내렸다. 한 방울도 금화 목안으로 넘어가지 않았다. 금화는 물을 삼킬 수가 없었다. 양쪽 이가 꼭 닫혀 있었다.

방바닥을 뜨겁게 달군 탓에 금화의 몸이 식어버린 몸인지를 몰랐다. 금화 아버지는 오로지 살려야한다는 생각에 급해서 미처 금화 상태를 살피지 못했다. 금화 어머니는 금화가 잠을 자고 있는 줄 알았다. 금화는 이미 숨을 거둔 상태였다.

금화 어머니는 열이 나면 날수록 금화를 이불속에 폭 싸서 눕혀놓고 손도 나오지 않게 단단히 싸맸다. 속이 답답

한 금화는 힘이 없어 일어날 수도 없었다. 기진맥진한 금화는 고열이 난데다 더운물에 참기름까지 타서 먹인 탓에 열이 쑥쑥 올라갔다. 금화는 결국 하늘나라로 떠나고 말았다. 부부는 간장이 녹아져 산천이 떠나가도록 통곡했다. 아무리 소리쳐 울어도 새처럼 날아간 딸을 붙잡을 수가 없었다.

하나 남은 딸, 은화마저도 금화가 떠난 후 열병 돌림병에 걸렸다. 처음에는 언니가 떠난 탓으로 알았다. 말 수도 줄어들고 밥도 잘 먹지 않았다. 시름시름 앓더니 다음 해 금화의 뒤를 따르고 말았다.

머리가 반백이 된 부부는 금화와 은화가 보고 싶어 밤낮 가슴 터지도록 울었다. 그리워서 숨이 막힐 지경이면 뒷동산 양지바른 곳에 누워있는 금화와 은화의 무덤을 찾아가 목이 디지도록 통곡을 하다 돌아오곤 했다.

어느 해 몹시도 추운겨울 부부는 깜짝 놀랐다. 한 겨울에 파랗게 돋아난 긴 풀줄기가 금화와 은화의 무덤을 빙 둘러 안고 있었다. 봄이 되자 줄기마다 노랗고 하얀 꽃이 피어났다. 은은한 향기를 뿜어냈다. 금화와 은화가 환생한 것만 같았다.

가늘고 작은 꽃송이가 엄마! 아빠! 하고 부른 것만 같았다. 두 가지 색으로 피어난 꽃은 향기가 더욱 가슴을 적셨다. 온 사방으로 퍼지는 향기는, 가슴속을 적시는 향기는 말 대신 사랑한다고 말한 것 같았다.

향기로운 꽃은 금화와 은화가 살아있을 때처럼 느껴졌다. 봄이 되면 가장 먼저 피어나는 꽃이 인동초 금은화이다 금화와 은화 두 자매의 무덤가에 핀 꽃이라 하여 꽃 이름을 금은화라고 불렀다.

꽃과 줄기는 열을 내리는 약재로 쓰이고 있다. 열을 내리게 해 주고 쇠약한 몸을 회복시켜주며 몸 속 독소를 빼준다. 몸에 종기가 생길 때 달여 먹으면 치료가 된다. 그래서 인동초라고 한다. 겨울에도 죽지 않고 사람을 위해 존재하는 꽃이라는 뜻이다.

가슴이 아파도

딸네가 서울로 이사를 했다. 부산 해운대 아파트에서 서울 49평으로 옮겼다. 서울에서 작은 평수 아파트 전셋집 구하기가 하늘의 별 따기였다. 돈이 많이 들지만 어쩔 수 없이 큰 평수를 얻어야 했다. 관리비도 평수 때문에 많이 비쌌다.

전세로 나온 아파트는 49평 21층이었다. 그녀는 단독주택에 살고 있는 터라 딸의 아파트에 가면 시야가 막혀 답답했다. 그런데다 고층이라 아찔아찔했다. 어지럼증으로 고생을 한 탓에 더 그랬다. 몸이 아파서 이석이 떨어진 적이 있었다. 고층 아파트 거실에 앉아 아래를 내려다보며 빨래만 개켜도 빙빙 돌았다. 그래서 딸을 위해 아무것도 해 줄 수가 없었다.

옛날 친정 엄마 생각이 났다. 친정 엄마는 그녀의 일을 닥치는 대로 도와주었고 아이들을 업어주었다. 팔남매를 낳아 키운 친정어머니는 손녀딸을 업고 먼 길을 많이도 걸었었다. 그런데 그녀는 팔도 아파 손자를 업어주지도 못할 처지다. 한쪽 어깨뼈가 내려앉아 손자를 업어주기에는 무리였다. 딸이 제 아이를 업고, 그녀는 뒤를 따라가야 한다. 어느 집이나 친정어머니들은 딸을 위하여 헌신하는 것이 당연하게 여겨지고 있는데 그녀는 딸을 위하여 아무것도 해주지 못해 늘 미안했다. 친정어머니가 지금 살아계신다면 "엄마 고마워요."라고 말할 텐데, 그때는 당연하게 생각하고 고맙다는 말조차 한 적이 없었다.

그녀는 할머니가 되고 보니 비로소 친정어머니에게 미안했다. 딸이 힘든 일이 많아 할 수만 있다면 옛날 친정어머니처럼 모든 것을 다 해 주고 싶은 마음이었다.

딸이 서울로 이사를 하고 삼일 차 나는 날이었다. 아침 일찍 일어난 그녀는 딸이 일어나기 전에 여기저기 흩어져 있는 과자봉지를 주워 모아 비닐봉지에 넣었다. 설거지도 하고 손자 밥도 먹이고 몇 개 안되는 빨래도 다림질해서 걸어두고 물도 끓여 놓았다. 딸을 위해 한다는 게 고작 그 정도였다.

늦은 아침을 먹고 손자를 병원에 데리고 가려고 딸과 함께 집을 나섰다. 한여름답게 벌써 아스팔트는 불붙은 화염처럼 화끈 거렸다. 온몸에 열기가 차올라 숨이 막힐 지경이었다. 한여름 폭염 속에 아기를 업고 앞서서 걸어가는 딸이 애처로웠다. 손자를 업어주지 못해서 더 안타까웠다.

길 건너 소아과에 가야했다. 그녀는 귀저기 가방을 들고 기 큰 딸과 손자가 더위를 먹지 않도록 이글거리는 아스팔트를 걸으며 양산을 높이 들고 햇볕을 가려주며 걸었다. 한참을 걷다가 아기수첩을 가져오지 않았다면서 딸이 난감해 했다. 그녀는 수첩을 가지러 다시 집으로 돌아갔다. 동사무소에 들러 등본도 떼야 했다. 동사무소를 나오자 땀이 온몸을 적셨다. 동사무소는 당시 전기 절약 운동을 하느라 에어컨을 켜지 않았다.

샤워를 하듯 땀을 줄줄 흘리며 병원을 다녀왔다. 그리고 뜻하지 않은 일이 벌어졌다. 딸이 쓰레기봉투를 열어보더니, 먼지와 함께 넣어 두었다며 화를 냈다. 그녀는 먼지가 있는지 없는지, 몰랐다고 했다. 아침에 굴러다니는 과자봉지와 휴지를 넣었을 뿐이라고 했지만 딸은 더욱 화를 냈다. 되풀이하여 아니라고 했지만 딸은 그녀의 말을 믿지 않았다. 졸지에 그녀는 딸에게 무시를 당한다는 생각이 들었다. 엄마를 만만하게 여기고 화를 내는 것만 같았다.

그녀는 더 이상 참을 수가 없었다. 왈칵 화가 머리끝까지 차올랐다. 이건 아니다 싶었다. 먼지를 넣었으면 또 어떤가. 딸은 그녀가 거짓말을 한다고 우기고 그녀는 진심을 몰라주는 딸이 원망스러웠다.

그녀는 "아, 여긴 내 집이 아니지."라는 생각이 들었다. 만약 집이 없다면 얼마나 서러울까 하는 생각이 들었다. 딸에게 구박을 받는 기분이었다. "당장 이 집에 나가야지."하고 마음먹었다. 가방을 챙겨 들고 딸집을 나가면서

"잘 있어!"라는 말을 남기고 아파트를 나왔다.

아파트를 나와 몇 걸음 걷다가 아차 했다. 손자 소아과 갈 때 딸 가방에 핸드폰을 넣어둔 것이 생각났다. 다시 돌아가 초인종을 수십 번 눌렀다. 딸은 좀처럼 문을 열어주지 않았다. 십여 분쯤 지났을 것이었다. 그때서야 딸이 문을 열어 주었다. 그녀는 급히 폰을 찾아가지고 나왔다.

막상 밖으로 나오자 서울 천지 동서남북 어느 쪽으로 가야 하는지 알 수가 없었다. 그런데 이정표가 낯설지 않았다. 부산에 있는 '동백'이라는 글자도 있고 해운대에 있는 '중동'이라는 글자도 있었다. 아파트를 둘러싸고 있는 주변의 산도 해운대 장산 같은 느낌이 들었다.

그나마 덜 낯설었다. 그곳은 정말 부산 해운대에 있는 중동과 이름이 똑같았다. 경기도 용인에 있는 중동 가는 길이었다. 어떤 아주머니에게 부산가는 고속버스 터미널을 물었다. 66-4번을 타고 신갈 오거리에 내리면 터미널이 있다고 했다. 가르쳐준 대로 버스를 타고 기사에게 물었다 신갈 오거리에서 한 정거장 더 가서 내리라고 했다.

햇살은 쨍쨍 내리쬐고 길은 무럭무럭 더운 아지랑이가 피어올랐다. 땀이 비오듯 쏟아져 내렸다. 넓은 횡단보도를 건너고, 또 횡단보도를 건너자 고속버스 마지막 간이 정거장이 나왔다. 한적한 시골 같았다. 차표를 사려고 물었다. 그런데 부산 행은 없다고 했다. 간이역 직원은 말 대신 고개를 저었다. 무더워 때문에 말대꾸를 하기가 무척 싫은 눈치였다

그녀는 더 이상 기가 막히거나 서럽지도 않았다. 이미 딸집에서 기가 막히고 서러웠기 때문이었다. 걱정이 조금도 안되었다. 대한민국 내 나라 땅에서 어딘들 못 찾아가겠나 싶었다. 다행히 어떤 청년이 고속버스 타지 말고 수원으로 가서 기차를 타면 빠르다며 친절하게 가르쳐 주었다.

그녀는 다시 횡단보도를 두 번이나 건너 버스 타는 곳으로 갔다. 뜨거운 아스팔트 열기가 숨통을 막았다. 얼굴이 빨갛게 달아오르고 몸에서 땀이 비 오듯 흘렀다. 휴! 하는 한숨이 저절로 터져 나왔다. 한참을 기다리자 수원이라는 글이 새겨져 있는 버스가 왔다. 10번 버스였다. 마치 구원의

손길을 만난 것처럼 반가웠다. 무조건 10번 버스를 탔다.

승객들로 꽉 찬 버스는 앉을 자리가 없었지만 그래도 시원한 에어컨이 금세 열기를 식혀주었다. 살 것 같았다. 버스는 수원역이 종점이라고 했다. 버스는 약 40분 정도를 달린 후에 수원 역에 도착하자 4시 10분이었다. 부산 행 무궁화호 기차는 6시 15분에 있었다. 부산가는 기차표를 샀다. 기차를 타려면 2시간을 더 기다려야 했다. 바로 출발하는 KTX도 있었지만 당장 기차를 탈 기분이 아니었다. 그냥 그대로 있고 싶을 뿐이었다.

대합실에 앉아 있자니 마음이 편치 않았다. 나이가 들어서 그런지 마음을 삭히는 힘이 부족했다. 그녀는 젊을 때도 고까운 소리를 잘 삭히지 못했다. 날씨 탓도 있었다. 불쾌지수가 높아져서 피가 끓어오르는 기분이었다. 대합실에서 두 시간을 기다리자니 지겨워 대합실 근처 커피숍으로 갔다. 커피를 마시면서 글을 쓰기 시작했다.

땀을 많이 흘린 탓에 얼굴이 따끔거렸다. 그런가 하면 에어컨 바람 탓인지 얼굴이 조여 왔다. 양산도 쓰지 않고 가방을 옮겨가며 횡단보도를 두 번씩 왕복으로 건너 먼 길을 걸었기 때문에 햇볕에 얼굴이 많이 탄 모양이었다. 목이 말라도 뜨거운 라떼 커피를 시켰다. 기차를 타는 사람에게는 커피 값이 350원 할인이 되었다.

구석진 자리에 앉아 글을 쓰다가 이웃에 사는 딸 친구 엄마가 수원 아들집에 가 있다는 것이 떠올라 전화를 해 보았다. 저녁 7시 KTX로 부산에 간다고 했다. 나는 무궁화호로 간다고 했더니 왜 지겹게 무궁화를 타느냐고 했다. 나는 끓어오르는 가슴을 진정하고 여행 삼아 밤차를 타고 싶어 그렇다고 했다.

그녀는 다시 글을 쓰다가 기차 시간이 거의 다 되어서야 에스컬레이터를 타고 나갔다. 커피는 반도 못 마셨다. 마음이 편치 못 해 목에 잘 넘어가지 않았다. 늦은 아침만 먹고 점심은 먹지 않았지만 배도 고프지 않았다. 기차에 올라 자리에 앉자마자 눈물이 말도 없이 흘려 내렸다. 나를 원망했다. 딸을 미워하지도 않으면서 화가 나서 나온 것이 한심스러웠다. 항상 나를 위해 무슨 일이나 다 해주었던 친정엄마가 또 떠올랐다.

기차가 열심히 달려가는데 딸이 문자를 넣었다. 엄마가 그렇게 가버려서 슬프다고 했다. 그녀는 “그래 나는 속이 좁은 엄마였다. 나도 어른스럽지 못했다는 것 알고 있다. 그러나 그때는 나도 억울해서 화가 났었다. 서로 상처를 입고 상처를 주었구나.”라고 답을 보냈다. 그녀는 바보 같은 행동 때문이라고 자책하면서 울었다.

기차를 타고가면서 그녀는 계속 자책했다. 가슴이 쓰리고 아팠다. 바람불면 날아갈까 벌벌 떨며 키운 자식이었다. 결벽증 같은 성격 탓이라고 그녀는 생각했다. 먼지를 자신이 넣지 않았다는 것, 그것은 진실이었다고 지금도 말하고 싶었다. 그녀는 결국 “그래 나는 나를 믿을 뿐이다. 나를 믿으니까 마음을 편히 가지자”고 자신을 위로하면서 눈을 지그시 감았다. 머릿속에는 딸에 대한 생각으로 가득 찼다.

기차는 밤을 헤치며 부산을 향해 달렸다. 선로를 급히 또는 천천히 달렸다. 정해진 정거장을 어김없이 정차하며 기차 정거장마다 쉬어갔다. 밤이 깊어 갈수록 하늘의 별이 뛰어내려 뒤를 따라온 듯했다. 정말 별들이 신이 나서 기차를 잡고 따라왔다. 유난히 큰 별이 빛을 내며 기차 뒤를 힘껏 따라왔다. 별들이 모두 자신의 편을 들어주었다. "딸도 할머니가 되어 보면 알거"라고 위로해 주었다. 그러니 너무 섭섭하게 생각 말라고, 딸의 마음은 다 그런 거라고 먼 철길을 별들이 줄줄이 따라 오면서 달래주었다.

그녀는 별들의 위로를 들으면서도 가슴이 아렸다. 또다시 스스로를 자책하기 시작했다. 인내심이 없는 탓이라고 자신을 꾸짖었다.

이번에는 도시의 높은 빌딩 전등불이 기차 뒤를 따라오며 일렀다. 엄마품은 늘 따뜻한 거라고 솜처럼 포근해야 한다고, 누르면 푹 들어가고, 놓으면 되살아나는 스펀지가 되어야 엄마라고 했다. 그녀는 자신은 덜 익은 풋과일 같은 엄마라고 생각했다. 눌러도 들어가지 않고 놓아도 되살아나지 않는 그런 엄마라고 꾸짖었다.

그녀는 자기와 싸우면서 또 위로받기를 원하면서 생각에 빠져 있는 동안 기차가 부산 역에 닿았다. 밤 11시 13분이었다. 택시를 타야 했지만 집에 빨리, 급히 가고 싶지 않았다. 계속 마음이 편치 않은 탓이었다. 버스는 집 가까이에 가는 것은 끊어지고 없었다. 이웃 동네로 가는 마지막 버스를 탔다. 이 동네 저 동네를 빙빙 돌아가도 그냥 탔다.

그리고 밤 12시가 넘어서야 버스에서 내렸다. 어느 곳으로 가야 하는지, 방향감각을 알 수가 없었다. 한참을 걷다가 길을 잘못 든 것 같았다. 다시 돌아서서 한참을 걸었다. 또 아니었다. 횡단보도를 건넜다. 또 아니었다. 다시 건너도 아니었다. 꿈속을 헤매는 것처럼 정신이 오락가락했다. 정신이 나간 것 같았다. 인간은 순식간에 집을 잃고 헤맬 수 있다는 것에 놀랐다.

밤이 깊은 시간이라 사람들은 모두 제 갈 길에 빠른 걸음으로 걸어가고 있었다. 모두가 똑똑하게 잘도 걸어가고 있는데, 그녀는 길을 몇 번이나 왔다 갔다 하고 있었다. 그녀는 가만히 서서 한참을 네온사인이 돌아가는 간판 불을 바라보았다. 그래도 역시 여기가 저기 같고, 저기가 여기 같았다.

한참을 그렇게 해매다 그녀는 문득 뒤 돌아보았다. 눈에 익은 골목길이 보였다. 한참을 걸어 집을 찾았다. 늦은 밤 주택 골목이라 조용했다. 조용히 대문을 열고 시계를 봤다. 시간은 어제를 지나 새벽 1시 35분이었다.

집에 들어서자마자 자리에 누웠다. 몸은 피곤하다고 야단인데 눈은 좀처럼 잠을 잘 생각을 하지 않았다. 밤새도록 가슴이 아렸다. 온통 딸 생각뿐이었다. 아무 생각도 들지 않고 바보가 된 기분이었다. 어제 점심도 저녁도 먹지 않았는데 배도 고프지 않았다. 목에 먼지가 낀 것처럼 입안도 바짝 말랐다.

며칠이 지나갔다. 그녀는 혼자 중얼거렸다. "엄마는 그런가보다. 엄마들이 그렇게 가슴 아파함을 자식들은 먼 훗날에나 알까?"하고 중얼거렸다.

다음날 교회에 가서 기도를 하고 딸에게 문자를 했다. "세상 모든 엄마는 자식을 끝없이 사랑한단다."라고 보냈다. 딸에게서도 문자가 왔다.

그런데 딸은 "만나지도, 연락도 하지말자고"했다. 그녀는 다시 긴 문자를 보냈다.

"그래 많이도 힘들었구나. 사람은 사랑할수록 미움은 깊어지는 거니까, 나도 마음이 아팠기 때문이다. 엄마는 이제 모든 것을 정리하는 시간이며 모든 것을 미워하지 않아야 하는 시간인데 살아 숨 쉬는 인간인지라, 알면서도 아닌 것을 밝히고 싶었고 바른말을 했을 뿐이다. 먼 길 떠나는 길이라도 바른 말을 못하고 간다면 후해하고 싶지가 않기 때문이었다. 잘못을 몰라 말을 못했다면 몰라도 알고 있는 한은 모든 것은 다 말하고 정리하는 시간을 가져야 한다고 생각한다."

그런데 딸도 그녀로 하여 슬프다고 했다. 그녀는 다시 문자를 보냈다.

"엄마가 내 딸을 슬프게 한 것에 미안함을 느끼지만 딸이 내 말을 믿어 주지 않고 밀어붙였기 때문에 나도 슬프고 화가 났다. 그래서 니의 집에서 나온 것이었다. 그것을 알아주었으면 좋겠다. 엄마는 너의 엄마니까 딸을 한없이 사랑한다. 세상 무엇과 바꿀 수 없는 귀한 딸아."

그녀는 하나님께 기도했다. 힘들고 어렵고 기쁨이 있을 때나 없을 때나 길을 잃고 헤맬 때도 인도해 주시는 주님이 계셔서 기쁘고 의지할 수가 있어서 늘 감사 하다고 기도했다. 그리고 세상에 와서 보배롭고 귀하고 귀한 아들과 딸을 주신 하나님께 감사했다.

그녀는 시간이 가면서 손자가 눈에 삼삼했다. 손자가 까꿍까꿍 하면서 눈을 가리고 웃는 모습이 눈에 아른 거렸다. 뒤뚱뒤뚱 걸음마하는 모습도 선했다. 넘어지며 다시 걷는 모습이 눈에 삼삼일수록 가슴이 아렸다.

그 후 며칠이 지나자 딸이 전화를 했다.

"엄마! 사랑해요."

그녀는 미안하다는 말을 했다.

"엄마는 몸이 굳고 성질이 굳어서 느낌도 굳어지고 전화 걸 손가락도 굳어졌나보다."

"엄마, 놀러와."

그녀는 얼음처럼 얼어 있는 마음이 눈송이가 녹듯이 가슴에 펴졌다. 딸의 가슴에도 엄마의 가슴에도 행복의 꽃동산을 이룬 것 같았다.

전화를 끊고 그녀는 언제나 엄마는 목숨 바쳐 너를 사랑한다고 하지만 인간은 그런 모양이었다. 어미가 딸의 말에도 상처를 받고, 엄마 말에도 딸이 상처를 받는 것, 인간은 어쩔 수 없이 속이 비좁은 존재임을 실감했다. 그래서 하나님께서 사람을 믿지 않음을 이해할 수 있었다. 아무리 사랑해도, 목숨 바치도록 사랑을 해도 말 한 마디에 각각 제 감정 하나 못 이긴 것이 인간이었다. 너무 나약하고 보잘 것 없는 것이 인간이었다.

하얀 해바라기

1

그녀는 이른 새벽 눈을 떴다. 눈앞은 안개처럼 뿌옇게 잘 보이지 않았다. 부엌으로 갔다. 찜통에 큰 장어 서너 마리를 넣고 참기름을 두르고 가스 불 위에 올려 뚜껑을 닫았다. 갑자기 찜통 뚜껑이 부엌 바닥에 내동댕이치더니 장어가 등껍질이 벗겨진채로 탈출을 했다. 등이 허옇게 벗겨져 부엌 바닥에 참기름을 바르며 헤엄을 쳤다.

등살이 벗겨진 장어는 싱크대 밑과 마루까지 발버둥을 치며 살 구멍을 찾아 달아났다. 그녀는 장어를 따라 강줄기를 오르락내리락 하듯 쫓아 다녔다. 긴 장어는 무섭기도 했다. 누구 하나 도움 받을 사람이 없었다.

결국 혼자 힘으로 기름발린 미끄러운 장어를 잡아 찜통에 겨우 넣었다. 다시 장어가 찜통 속에서 펄떡거렸다. 그 뜨거움 속에서도 뛰다니 놀라운 일이었다. 한 놈이 다시 뛰쳐나와 그녀 얼굴을 때리면서 탈출했다. 그렇지 않아도 미끄러운 장어는 참기름을 발린 상태가 말할 수 없이 미끄러웠다. 뛰쳐나온 장어를 잡느라 그녀도 참기름에 장어 못지않게 기름칠을 했다. 다시 있는 힘을 다해 뛰쳐나온 장어를 잡아넣고 나자 옷과 몸에서 참기름 냄새가 진동을 했다.

마늘, 생강, 흰콩 그리고 여러 가지 한약재를 넣고, 불을 켜기 전에 뚜껑을 힘껏 누르고, 가스 불을 켰는데도 장어는 힘이 좋아 뚜껑이 요란하게 움직였다. 그녀 몸무게는 42킬로그램에 허리 23인치, 그 몸으로 죽을힘을 다 해 찜통을 눌렀다. 드디어 장어가 조용해졌다. 그녀는 힘겨운

싸움 끝에 장어를 뽀얗게 고아내는데 성공했다.

첫차를 타야 했다. 초등학생 중학생인 딸들은 자고 있었다. 어제 저녁에 아침 일찍 아빠에게 간다고 말을 했기 때문에 밥을 차려 놓고 장어 곰국과 반찬을 챙겨들고 다섯 살 먹은 아들을 앞세우고 종종 걸음으로 숨 가쁘게 버스를 타고 해운대 역에 도착했다. 남편이 근무하는 울산으로 가야했다.

남편은 공무일로 객지에서 근무 중이고 주말마다 만나는 주말부부인 셈이었다. 주말이면 초, 중생 딸 삼형제가 집에 있을 때 막내아들 다섯 살짜리만 데리고 남편에게 가곤했다. 장어 곰국과, 밑반찬을 들고 버스를 타고 가서 다시 기차를 갈아타야 했다. 짐이 그녀 몸무게의 절반은 되었다. 손이 저렸다. 무거운 가방끈에 손가락이 눌려 펼 수가 없었다. 그래도 남편에게 좋은 것을 먹인다는 생각에 그녀는 고생스럽지 않았다. 남편만 건강하면, 그것이 그녀에게는 최고의 행복이었다.

장어는 곰탕을 할 때도 힘들게 하더니 옮기는데도 힘이

들었다. 출렁출렁 통 안에서 요동쳤다. 기차 시간이 조금 남아 있었다. 대합실 긴 의자에 청춘 남녀가 앉아 빵과 콜라를 마시고 있었다. 다시 닭튀김을 먹었다. 아주 행복해 보였다. 닭튀김이 아직 많이 남아 있는데 종이에 둘둘 말더니 쓰레기통에 휙, 던져버렸다. 아까운 생각이 들었다.

옆 좌석에 앉아 있는 남자는 허름한 옷에 정신이 온전치 못한 사람 같았다. 몰골이 넝마 같았다. 옷도 머리도 누더기를 뒤집어썼고, 몸은 바싹 말랐다. 눈은 쑥 들어가 있고 얼굴은 꼬질꼬질했다. 그리고 얼마나 굶었는지 허기져 보였다. 무슨 사연으로 정신이 흐트러졌을까? 모두가 힐끗힐끗 보며 지나갈 뿐이었다. 남자는 가끔 히죽히죽 웃기까지도 했다.

그녀는 가슴이 찡했다.

왠지 청춘남녀가 미워지기까지 했다. 남은 닭튀김을 저 사람에게 주었다면 맛있게 잘 먹었을 텐데, 라는 생각 때문이었다. 차 시간이 다가오고 있었다. 그녀는 서둘러 자판기로 뛰어가 율무 차, 한 잔을 뽑아다 남자에게 주었다. 날씨가 추운 탓에 조금이라도 따뜻해지길 바라며 건네주자 남자가 목례로 고맙다는 인사를 했다.

그녀는 기차를 타고가면서 그 남자가 자꾸 떠올랐다. 어떤 사람은 다 먹지 못해 버리면서 잘 먹고 살고 있는데, 어떤 사람은 거지로 살아가고 있었다. 자본주의사회에서 각자 능력대로 살아가는 것은 당연한 일이었다. 어쩌면 그 남자는 게을렀거나 사업에 실패했거나 아무튼 자기 잘못이 분명히 있을 것이었다. 그렇다면 우리 사회는 능력대로만 살아야 하는 것인가. 그녀는 고개를 저었다.

능력 있는 사람은 자기보다 못한 사람을 생각하면서 살아가야하는 의무가 있다는 것을 사람들이 많이 생각했으면 좋겠다는 아쉬움이 일어났다. 잘난 율무 차 한 잔 건네고 너무 거창한 말을 한 것 같지만 그녀는 그래도 그런 생각을 안한 것보다는 나을 것이라고 믿었다.

그녀는 그렇게 배웠다. 사람의 도리는 꽃보다 아름답다고, 금은보화보다 값진 거라고, 사람의 도리 가운데 나보다 약한 사람을 단 한 순간이라도 생각하는 사람은 가장 행복한 사람이라고 그녀가 가장 존경하는 선생님에게 배웠다.

그런 생각을 하면서 그녀는 남편에게 갔다. 남편은 그녀가 애써 해온 것, 무겁게 들고 온 것에 대하여 반기지도 고마워하지도 않았다. 평소 무뚝뚝한 성격이라 섭섭해 할 것도 없었다. 힘겹게 한 음식을 남편 숙소에 두고 오면 남편이 먹을지 먹지 않을지도 모를 일이었다. 그러나 그녀는 자신이 할 도리를 다 할 뿐이었다. 정성을 다하여 만든 음식을 남편이 설사 먹지 않는다하여도 남편을 위하여 최선을 다했다. 그리고 그건 기도에 다름 아니었다. 그것이 그녀의 행복이었다.

2

남편이 거주하고 있는 관사 텃밭에 심어 놓은 호박, 깻잎, 상추, 고추 ,파 등 채소들도 그녀를 기다리고 있었다. 채소들은 물 대신 먼지를 마시며 목이 말라 아우성을 치고 있었다. 고무호수를 뽑아 들고 수돗물을 시원하게 뿌려주었다. 밭고랑마다 충분히 먹이고 나자 상추 잎들이 나풀나풀 살아났다. 관사에는 다른 직원들 가족들이 함께 살고 있는데도 물 한 번 주지 않은 모양이었다. 고추 잎은 풀벌레처럼 도르르 말려 있었다.

밥을 짓고 깻잎과 고추를 넣어 부침개를 부쳤다. 깻잎과 호박잎을 찌고 상추를 땄다. 그리고 된장을 끓였다. 진수성찬이 차려졌다. 남편과 양재기에 상추를 뚝뚝 뜯어 담고 고추장에 쓱쓱 비벼서 먹었다. 와이셔츠 일주일간 벗어 놓은 것 빨아서 수건에 도르르 말아 물기를 빼고 다림질을 했다. 그곳은 세탁소가 없어서 집에서 하나하나 다려야 했다. 옷이 마르지 않아 다림질로 말려가며 다렸다. 막차로 부산에 가야 하기 때문이었다.

딸아이들 학교 갈 때 도시락을 싸줘야 했다. 그녀는 몸은 하나인데 이쪽저쪽 일이 태산이었다. 바쁘게 양쪽을 왔다갔다하다보면 숨도 쉴 틈이 없었다. 모두 그녀만 바라보고 있었다. 여기가도 저기가도 산더미 같은 일 뿐이었다. 약한 몸으로 이리 뛰고 저리 뛰다보면 몸이 파김치가 되고 만다. 그래도 힘들다는 말, 아프다는 말은 누구에게 할 사람이 없었다.

그녀가 아프다고 호소를 하면 남편은 "언제는 안 팠느냐"고 퉁명스럽게 말했다. 하긴 항상 아픈 탓에 가족들은 그녀를 이해하지 못했다. 몸이 날마다 지쳤다. 몸이 넘어질듯 휘청거렸다. 그래도 그녀는 가족들을 위해 쉴 수가 없었다. 그럼에도 마음은 가족들에게 더 잘 해주고 싶었다. 혼자 객지에서 직장생활을 하는 남편에게 더더욱 잘해주고 싶었다.

그녀는 귀에 중이염이 있어 몸이 피곤하면 귀에서 물이 나왔다. 젊은 시절 아기를 키울 때 귀가 아팠다. 고름이 흘러나와도 병원에 가지 않았다. 아기에게 모유를 먹이는 탓에 약을 먹을 수가 없다는 생각 때문이었다. 그녀는 그렇게 몸이 망가지는 것을 뻔히 알면서도 아기의 건강이 더 중요했다.

팔은 항상 저리고 아프다. 결혼하자마자 시동생 세 명을 수발해야 했다. 고등학생이거나 직장초년생인 시동생들로 셋방인 신혼집이 가득 찼다. 아침마다 도시락 서너 개씩 싸자면 새벽 3시에 일어나 밥을 해야 했다. 빨래 감은 고무 통에 한 가득이었다. 빨래비누가 한 달이면 10개가

뚝딱 사라졌다. 빨래비누를 쥔 손아귀가 늘어나 손이 장정들 손만큼이나 커졌다. 손이 늘 저리고 아팠다.

시동생들 도시락을 싸고 아침을 차려내고나면 반찬이 남아나지 않았다. 그녀는 물에 밥을 말아 그냥 먹었다. 과일 한 조각, 계란 한 개 먹지 못했다. 남편과 시동생들을 먹여야 했다. 아이들이 하나 둘 생기면서 또 아이들을 키우느라 힘든 일상이 계속되었다. 항상 무거운 짐을 들어야 했다. 택시를 탄다는 것은 상상조차 해보지 않았다.

몸이 아무리 아파도 병원 갈 엄두를 내지 못했다. 병원에 간다는 것은 너무 사치스러운 일이었다. 약국에서 약을 사먹고 말았다. 자식 4남매 뒷바라지에 시동생들과 살면서 사십대, 오십대가 어떻게 지나갔는지, 꿈속에서 헤맨 것만 같았다.

세월이 흘러 시동생들도 결혼하여 떠나고, 딸들도 결혼을 해, 모두 엄마가 되었다. 아이 하나, 또는 둘을 낳은 딸들이 어느 날 그녀에게 전화를 해 "엄마는 어떻게 사남매를 키웠어요. 엄마 너무 힘들었겠어요. 엄마가 되어 보니 엄마 마음 이제야 알겠어요."라고 했다. 그녀는 겨우 아이 하나, 둘을 낳고 그런 말을 하는 딸들이 우스울 지경이었지만 그래도 "이제야 내 속을 알아주는 구나"싶어 고마웠다.

"알아줘서 고맙다. 엄마는 그런 거란다."

누군가 알아준다는 게 그렇게도 위로가 될 수 없었다. 딸들 전화를 받고나자 가슴 속이 후련했다.

그녀 나이 40세에 어렵게 얻은 아들 하나가 있다. 사남매 중 막내인 아들은 가끔씩 혼자서도 요리를 잘해 먹는 효자다. 딸들이 모두 시집가버리고 남편도 멀리 살고 있어 그녀는 아들과 둘이 살고 있다. 늦게 낳은 탓에 늦게까지 그녀 곁을 지키고 있는 아들이 고맙기 짝이 없다.

더욱이 아들은 그녀가 아플 때마다 곁을 지켜주었다.

"이렇게 든든한 아들을 낳으라고 시어머니가 그렇게 나를 구박했나보네. 결국 나를 위한 거였어."

그녀는 젊은 시절 시어머니가 아들을 못 낳는다는 이유로 모진 학대를 했던 일이 전화위복이 되었다고 생각한다. 그녀는 이만하면 자신은 행복한 사람이라고 자부한다.

그러나 무언지 모르게 허전한 것이 자꾸 가슴을 허물었다. 직장근무 때문에 평생 객지로 떠돈 남편은 퇴직을 했는데도 집에 올 생각을 하지 않았다. 퇴직 후에도 혼자 있는 남편을 위해 가끔 찬거리를 장만해가도 반가워하지 않았다. 오히려 귀찮아했다. 아무리 정성을 들여 음식을 만들어가도 먹을 시간이 없다고 했다. 해외여행에 골프치기에 바쁜 탓이었다.

그런 남편을 생각하면 아득한 지평선을 바라보는 것만 같았다. 거칠게 흐르는 강물을 바라보는 것 같았다. 지평선 끝에는 산이 있었다. 산 너머에는 또 산이 있었다. 강 주변에는 갈대밭이 있고 그 속에서 새들이 가족을 이루어 살고 있었다.

언젠가 보았던 해바라기를 떠올렸다. 하늘의 태양만을 바라보며 산다는 해바라기가 늦가을도 져버린 들녘에서 하얗게 말라 있었다. 쓸쓸하고 처연해 보였다. 순간 평생 해를 향해 목을 늘이다가 하얗게 변해버린 해바라기와 자신이 닮았다는 생각이 들었다. 그녀는 쓸쓸한 미소를 지으며 하늘을 바라보았다. 구름이 제멋대로 어디론가 흘러가고 있었다. 흘러가다가는 서로서로 만났다. 만났다가는 다시 갈라져 어디론가 흘러가는 것이었다. 그녀는 심호흡을 펴내며 "인생살이도 저런 것일까."라고 중얼거렸다.

지하철 뻥튀기 화음 소리

해가 바뀌는 새로운 날 뻥튀기와 함께 화폭에 그려진 하루다. 예행연습도 없는 연기자가 된 하루, 더듬거림도 없이 대사도 외우지 않아도 연극배우가 된 하루가 시작되었다. 주연으로 출연료 없이 봉사정신으로 하루가 시작된 된 것이다. 대본도 없다. 구속도 하지 않는 배우 생활이 몸에 배여 있다.

한 해의 12월 31일이 지나면 모든 사람들은 새로운 계획을 세운다. 작심 3일일망정 새로운 계획을 세운다는 것은 새로운 희망을 의미한다. 과체중이나 비만인 사람들은 살을 빼겠다고 새벽에 일어나 운동을 시작한다. 자기 자신과 약속을 하지만 삼일을 넘기는 것이 고작이란 것을 누구나 종종 체험한다. 평소에 늘 어제가 지나가면 새날인 것을, 구태여 12월 31일이 지난 다음날부터 계획을 세운 것은 늘 예행연습도 없이 새날을 맞이하는 것이기 때문이다

그때마다 길거리에서 조그만 좌판을 벌려놓고 토정비결을 봐주는 사람을 발견할 수 있다. 어디 길거리뿐인가 신문에는 신수를 봐준다는 광고가 널려있다. 인간의 심리를 이용한 것이다. 그런 광고를 보면 왠지 한 번 보고 싶어진 것이 사람의 마음이다. 신문에 나오는 자, 축, 인, 묘, 진, 사, 오, 미 ,신, 유, 술, 해가 있다. 자기 띠를 찾아가며 한해 운수를 보고 싶어 한 것을 미신이라고 나무할 수는 없는 일이다.

사람들은 안본다고 하면서 남몰래 슬쩍 보았다. 올해 운수를 보고나면 다음해 운수대통이 될까? 그런 기대 속에 만세력을 뒤진다. 갑, 을 병, 정, 무, 기, 경 , 신 , 임, 계, 이것은 그해에 그날에 태어나면 운세는 남녀가 똑 같이 나온

다는 것은 대부분 다 알고 있다.

그리고 토정비결을 보러 다니기도 한다. 마른나무에 꽃이 피고 하늘에 별이 무수히 많다는 말을 들으면, 아기 못 낳는 사람은 아기를 낳을 수 있어 자손이 별처럼 많아진다고 생각하며 희망을 얻는다. 만약 시험을 보는 사람이 그 말을 들으면 틀림없이 합격을 하고, 하늘의 별처럼 높이 출세를 할 것이라고 생각하게 된다.

사람들은 가슴 설레는 1월의 운세에 일 년을 가슴에 세기며 한해를 맞이한다. 그 높으신 분, 하나님은 말로는 말하지 않고 눈과 귀로 듣고 향기로 하루의 연기자로 채용한다. 내일도 다시 만나야만 하루의 연기자로 채용하게 된다. 그분은 춘삼월이 되면 말랐던 나뭇가지에 움이 돋게 하고 잎이 나게 하고 꽃이 피게 한다. 새들도 청아하고 새로운 새 날의 목소리로 노래하게 한다.

토정비결을 보든 보지 않든 모든 사람들이 보게 한다. 그 분은 공평도 하다. 겨우내 한 떨기 꽃도 잎도 없던 앙상한 가지에 색색의 꽃을 피우며 자기의 독특한 향기까지 피워 올려준다.

그리고 세상 모든 사람들을 큰 액자 속에 그려 넣어준다 세계에서 유명한 화가 고흐, 모네, 클립트 등 박수로의 빨래터, 김영근의 소나무, 세상을 껴안은 화가 브뢰겔의 '하늘까지 오르는 탑' 등등.

그러나 그 유명한 화가들도 화폭을 이렇게 정교하게는 못 그린다. 그분은 세상에서 가장 큰 화폭에 새로운 연기자들이 한 점 흐트러짐 없는 대사와 연기가 기가 막히게 화폭에 그렸다 지웠다 한다. 오직 그분만이 할 수가 있다. 공평하게 모두에게 보여주시는 하나님 화가를 따를 자는 없다.

그녀는 오늘도 그 분의 그림 속을 걸어간다. 그녀 앞에 뻥튀기가 그려졌다. 뻥튀기를 잡았다. 그림 속에 뻥튀기 아저씨가 그냥 준다. 그녀의 손은 가방 속에 들어가 껌을 내어 준다.

그녀는 뻥튀기 한 봉지를 샀다. 가방 속에는 원고지와 책이 들어 있어 넣을 자리가 없다. 뻥튀기 한 개 그저 먹기가 미안해서 큰 봉지를 산 것이 후회스럽기도 했다. 비닐 봉지를 들고 지하철을 탔다. 그리고 지금 그린 그림을 후회 했다.

주인공이 된 하폭에 다시 그릴 수는 없다. 하나님 화가는 벌써 그리고 다음 장을 그리고 있기 때문이다. "왜, 샀을 까? 먹고 싶지도 않았는데 인정에 끌리어서 꼭 필요한 것도 아닌데 집으로 가는 길도 아닌데 지금 그녀는 문학 공부를 하기위해 가는 길인데 머릿속이 복잡해 졌다.

지하철에 앉은 대여섯 살로 보이는 아이가 자기 누나와 앉아 있다. 그 옆에는 젊은 여자가 있다. 아이 엄마 같았다. 아이가 그녀가 들고 있는 뻥튀기를 빤히 쳐다보았다. 그녀는 웃으면서 아이들에게 뻥튀기를 내밀었다.

"이거 줄까?"

순간 두 남매가 엄마를 쳐다보더니 고개를 살래살래 저었다. 어린 아이들에게 어른을 믿지 말라고 교육하는 세상이라는 것을 그녀는 깜빡 잊고 실수를 한 것이었다.

서로가 믿을 수 없는 세상이다. 누가 누구를 탓할 수도

원망할 수도 없다. 인간관계는 이제 고립되고 말았다. 물질만능의 시대적 변화에 살고 있는 세상에서 아이들은 가장 먼저 부정을 배우고 있는 것이다.

그녀는 뻥튀기를 지하철에 두고 갈 수도 없고, 그렇다고 혼자서 다 먹을 수 도 없어 고민이 되었다. 앞좌석에 할머니 할아버지가 앉아 있었다. 조심스럽게 물었다.

"혹시 뻥튀기 드시겠어요?"

할머니가 주름진 얼굴에 미소를 띠며 손을 내밀었다 몇 개를 드리고 옆 좌석에 앉아 있는 남학생에게도 주었다. 그 옆에 아주머니에게도 주었다. 졸지에 주변이 뻥튀기 먹는 풍경이 연출되었다. 저마다 입속에서 뻥튀기를 조금씩 녹이며 바스락 소리를 냈다 .고소한 뻥튀기 냄새가 지하철 가득히 퍼졌다. 그녀는 하나님 화가의 화폭 속에 자신을 그려 넣고 마치 뻥튀기처럼 삶을 확 부풀어 오르게 하고 싶다.

어린아이들에게 마음 놓고 뻥튀기를 줄 수 있는 믿음, 아이들은 마음 놓고 받아먹을 수 있는 믿음을, 사라져버린 믿음도 뻥튀기처럼 확 불러일으키고 싶다.

아침밥을 두 번 먹는 남자

그녀는 덜덜 떨린 손으로 급히 언니에게 전화를 했다.

달리는 기차 속이라 전화는 잘 걸리지 않았다. 잠결에 언니가 전화를 받았다.

“여---보세요.”

느릿한 언니 목소리, 그녀의 가슴은 숯덩이처럼 타들어 갔다.

집이 온통 불바다로 휩쓸 것을 상상하자 말도 제대로 나오지 않았다.

아직도 겨울 끝자락을 잡고 있는 날씨는 얼얼한 손으로 목덜미를 감싸게 했다. 입춘이 지났지만 겨울 같은 바람이 불었다.

수도꼭지가 밤새 얼어붙어 물이 잘나오지 않았다.

드라이기로 수도꼭지를 녹여서 조금씩 흐르는 물을 받아 아침밥을 했다.

오전 5시 40분, 그녀는 가스레인지에 빨래를 얹어놓고 남편 출근길을 배웅하기 위해 남편을 따라 나왔다. 남편은 기차를 타고 출근을 해야 한다. 그래서 기차역까지 가야 했다. 아들도 남편과 함께 나왔다. 아들도 남편도 그녀가 뒤따라 나온 것을 눈치 채지 못했다.

그녀는 가스레인지에 빨래를 얹어놓고 나온 것을 까맣게 잊고 있었다.

아들은 이사 온 길을 잘 알고 있다며 지름길을 아빠에게 안내하려고 아빠를 따라 나선 것이었다. 집은 어제 이사를 왔다. 도로와 지하철도 낯선 곳이라 복잡했다. 신호등도 횡단보도도 잘 건너야 했다. 자칫 잘못 건넜다가는 다시 건너와야 했다. 길이 여간 복잡한 것이 아니었다.

한참을 걸어가다 뒤 돌아보니 그녀는 남편과 아들보다 앞서 걸어가고 있었다. 다시 돌아서서 가는데 버스가 도로 길을 막아섰다. 남편과 아들이 잘 보이지 않았다. 모든 것이 혼란스러웠다. 구분이 가지 않았다. 도로 위로는 매연과 먼지가 안개처럼 뿌옇게 돌고 있었다. 그것들이 목으로 넘어가면서 콧물이 줄줄 흘러 내렸다.

기침이 계속 나왔다. 컹컹거리는 기침소리가 새벽길에 놀란 개 울음소리처럼 울려 퍼졌다.

혼란 속에서 어디론가 버스가 지나갔다. 그리고 언제 그리로 갔는지, 길 건너편 간이음식점 유리창 너머에 남편과 아들이 앉아 있었다. 그녀도 마치 남편과 아들을 쫓아온 것처럼 길을 건너 음식점 문을 열고 들어갔다. 부자父子는 밥을 먹고 있었다. 그걸 보는 순간 그녀는 기가 막혔다.

집에서 멀쩡하게 아침식사를 하고 출근한다고 나온 사람이 다시 아침밥을 먹고 있다니 이상한 일이었다.

기운 빠지는 소리가 귓속을 곤두박질 쳤다. 사실 아침밥을 먹을 때 집에서 작은 언쟁이 있었다. 그래서 미안한 마음에 뒤따라 나온 그녀였다.

공무원인 남편 월급은 빠듯했다. 육남매 의식주, 시댁과 친정집의 제사와 경조사와 각종 행사, 지인들의 경조사 부조금 등 매달 나가는 돈이 만만치 않았다. 아무리 알뜰하게 생활을 해도 남편은 그녀가 살림을 잘못한다면서 그녀를 윽박질렀다. 아침에도 그래서 다투었다.

"알뜰살뜰 살려고 죽을힘을 다하는 사람에게 그렇게 말하면 어떡해요."

그녀는 그렇게 항변하는 것이 전부였다. 비쩍 바른 체구에 두 눈에 눈물이 그렁그렁 맺혔다.

그럴 때마다 그녀 남편은 "우리 그만 끝내자"는 말을 밥 먹듯이 했다. 이사 온 첫날부터 그런 일로 밥을 먹는 둥 마는 둥 했다. 그래서 간이식당에서 식사를 하고 있었던 것이다. 아들도 아무 말 없이 그녀를 쳐다보지도 않고 묵묵히 밥을 먹고 있었다. 그녀는 온몸이 굳어서 불길 속에 활활 타 들어가는 장작개비 같았다. 마음이 타버린 재가 되어 가슴가득 채워지는 것처럼 혼미해졌다. 남편은 그렇다 치고 목숨보다 더 귀하고 더 사랑하고 더 소중하게 키운 아들인데, 하는 생각을 하자 마른 몸이 낙엽처럼 바스러질 것만 같았다. 절망감에 얼굴이 하얗게 변했다.

옆자리에는 몇몇 직원들이 앉아 식사를 하고 있었다. 직원들이 식사를 하며 그녀를 힐끔힐끔 쳐다보았다. 그들이 비웃는 것만 같았다. 노란 넥타이를 맨 직원이 "사모님이 집에서 밥을 안 해 드렸나 보네요. 좀 잘해 드리지요."라고 했다. 남자직원 말이 떨어지자 이번에는 여자 직원들이 "아저씨, 그런 소리 하지 마세요. 여자가 쇠인 줄 아세요. 저 허리 좀 보세요. 사모님 몸이 저렇게 약한데 남자가 다독거려 주면 안 되냐고요."라고 했다.

다시 남자직원이 입에서 밥알을 튀며 "이 여자가 아침부터 말이 많아, 남자는 여자하기 나름이라니까."라고 했다. 두 사람은 알고 보니 부부였다. 주변에서 이런 말 저런 말을 하자 밥을 먹던 그녀 남편이 벌떡 일어나 그녀 손을 덥석 잡고 식당을 나왔다.

그녀 남편은 아내를 데리고 식당근처 언덕으로 갔다. 양지쪽 언덕에 작은 풀꽃이 고개를 내밀고 색색이 곱게도 피었다. 작은 민들레도 노랗게 세상을 바라보고 있었다. 그녀 남편은 여린 꽃을 뿌리째 뽑아 그녀에게 주었다. 워낙 꽃을 좋아하는 그녀이기에 빨리 집으로 보내고 싶어서일까? 아니면 조금 미안한 마음일까? 그녀는 꽃을 받는 순간

꽃향기에 취해서 조금 전에 숨 막히던 순간을 잊었다.

갑자기 식당 안에서 웅성거리며 사람들이 나오고 있었다. 모두가 기차를 향해 뛰어가고 있었다. 그녀 남편도 말없이 뛰어가고 있었다. 기차는 터널을 빠져 나와 다시 돌아서 역사로 들어오고 있었다. 모두 통근차를 타야하기 때문이었다.

그녀 남편은 워낙 달리기를 잘하기 때문에 삼사십 미터 앞서간 사람도 금방 따라잡아 앞에서 뛰어가고 있었다. 그녀도 같이 뒤따라 뛰었다.

기차는 터널을 빠져나오고 있었다. 그녀는 발이 잘 떨어지지 않아 뛰는 것이 아니라 걸어가듯이 가고 있었다. 역무원이 그녀를 보고 "이쪽 길로 내려가세요. 역으로 연결이 되어 있이시 금방 탈 수 있어요."라고 했다.

그녀는 숨이 목에 걸려 쇠 소리를 냈다. 심장박동 소리가 방망이 두드리는 소리처럼 들렸다. 그녀는 언제나 아침에 일어나면 곱게 화장을 하고 하루일과를 시작하기 때문에 화장도 곱게 하고 나왔다. 그래서 역무원은 그녀를 승객으로 생각하고 빠른 길을 가르쳐 준 것이었다. 그녀 역시 승객처럼 숨을 헐떡이며 출근길에 나선 사람들과 함께 예쁜 풀꽃을 한 아름안고 뛰었다.

간신히 기차에 올랐다. 간이식당에서 비웃던 남자직원과 여자직원도 같은 칸에 타고 있었다. 모두가 그녀를 쳐다보고 있었다. 풀꽃은 그녀 가슴에 안겨 곱게 웃고 있었다. 그녀는 창백한 얼굴에 기진맥진한 몸이었다. 아침에 일어나서 물 한 모금 마시지 않고 기차에 올랐다.

그녀는 빈 좌석을 찾았다. 딱, 한 자리가 비어있었다. 신이내린 자리처럼 경부선 열차에 몸을 실었다. 어디선가 그녀의 남편 목소리가 들렸다.

"여기가 어디라고, 기차를 타는 거야!"

순간 그녀 머리가 하얀 백지장처럼 되고 말았다 .기가 막히고 숨이 막히는 순간이었다. 아! 어쩌나 내가 왜, 죽기살기로 기차를 탔지?

새벽부터 일어난 일이 이제야 주마등처럼 지나갔다. 가스레인지 위에 올려놓은 빨래가 생각이 났다. 숯덩이처럼 타버렸을 빨래, 가슴도 숯덩이가 되었다. 발을 동동 굴렀다. 119 사이렌소리가 들리는 듯 했다. 동네사람들이 연기 속에서 기침하는 소리가 들리는 것 같았다.

기차는 떠오른 햇살을 가르며 상쾌하게 달리고 있었다. 어떡하지! 어떡하나! 이렇게 기막힌 일이 내게 일어나다니, 기차는 구포를 지나 삼랑진을 지나 밀양 역을 지나 경산 역, 동대구를 지나고 대전 역이 가까워지고 있었다. 그녀는 달리는 기차도 아랑곳 하지 않고 뛰어내리려고 안간힘을 썼다. 사람들이 놀라 막았다. 그녀는 자초지종을 말했다. 집이 불타고 있을지 모른다며 발을 굴렀다. 모두 그녀를 막아서며 이젠 집에 가도 빨래도 숯덩이가 되었을 것이며, 집은 119가 끄고 있을 것이라고 했다.

그때 그녀 남편이 많은 사람들을 밀어재치고, 그녀 앞에 와서 두 손을 잡으며 당신이 걱정한다고 불타버린 집이 생기는 것도 아니니, 대전까지 가서 일을 처리해야 한다며 그녀를 달랬다. 그녀는 남편 출근길 배웅만 하고 집에 들어간다는 것이 그렇게 엄청난 일이 벌어질 줄은 상상도 못했다.

기차에서 급히 언니에게 전화를 걸었다. 손이 떨려 전화번호가 생각이 나지 않았다. 전화번호를 자꾸만 누르고 또 눌렀다. 수십 번 누른 후에야 언니 목소리가 들렸다.

"이른 아침에 어쩐 일이냐? 어디 아픈 거냐?"

그녀는 울면서 "언니, 집에 불이 났어. 우리 집, 이일을 어쩌면 좋아!"

그녀는 울부짖으며 발버둥 쳤다. 숨 막히게 울다 눈을 떴다.

어둑한 새벽이었다. 온 몸이 땀에 흠뻑 젖어 있었다. 옆에는 남편이 자고 있었다.

꿈은 과연 허상일까? 그녀는 꿈을 꾸다가 깨는 일이 종종 있었다. 이번에는 집을 이사하고 그 다음날 꾼 꿈이었다. 꿈에 집이 불타면 부자가 된다는 속설이 있지만 그런 꿈을 꾸고 나자 꿈속에서처럼 정신이 혼미해졌다. 며칠 동안을 꿈속에서 보았던 불타는 집이 떠올랐다. 마치 그림처럼 떠올랐다.

그때부터 어디선가 소방차 사이렌소리가 나면 가슴속

에 불이 붙었다. 그리고 무언가 불길처럼 용솟음치는 것이 일기 시작했다. 글 쓰는 버릇이었다. 앉았다하면 그녀는 습관적으로 글을 썼다. 심지어 가계부에도 쓰고 약봉지에도 쓰고 달력에도 썼다. 종이만 보면 쓰고 볼펜만 보면 썼다. 그러다가 시인이 되는 길이 열렸다.

인간이 세상을 살아가자면 기쁨보다 고통이 더 많았다. 행복보다 슬픔이 더 컸다. 그러나 고달픔은 어떤 사람에게는 희망의 밑거름이 되기도 하고 허망한 허무로 끝나기도 했다. 꿈과 목적이 뚜렷한 삶은 고통이 희망이 되지만 꿈도 목적도 없이 하루하루를 흘러간 대로 사는 삶은 허무로 끝나고 마는 것이었다.

그녀 또한 시인이 되기 전에는 목적도 꿈도 없었다. 그냥 하루하루 슬픔의 고통과 싸우면서 살아갈 뿐이었다. 그러다가 시인이 되었다. 꿈속의 불길은 그것이라는 생각이 들었다. 집이 불타는 것은 지금까지 그녀의 모든 고통스러운 삶을 송두리째 불태워버리고 새로운 삶을 싹트게 하는 시작이었다. 그랬다. 그녀는 불길처럼 새롭게 일어나고 싶었다.

부모와 자식

삼월의 마지막 날 그녀는 외손자를 데리고 기차를 탔다. 처음 기차를 타 본 손자는 신이 났다. 자가용만 타고 다녔기 때문이었다. 그런데 엄청나게 큰 기차를 타게 된 것이었다. 손자는 창밖을 내다보며 그녀의 목을 끌어안았다.

"할머니! 사랑해요"

아직 젖살이 몽실몽실한 네 살짜리 손자가 애교스럽게 말했다. 참으로 예쁘고 세상의 무슨 꽃이 이보다 더 예쁠 수 있을까 싶었다. 천금보다 보배로운 귀하고 귀한 손자였다. 손자 자랑을 하면 바보라고 하지만 세상에서 자기 손자가 제일 예쁜 것은 인지상정일 것이었다.

기차 안에서 오징어, 땅콩, 음료수를 파는 판매원이 지나 갔다. 감미가 잘된 부드러운 오징어를 손자에게 사주었다. 그녀를 쳐다보며 먹는 모습이 토끼 새끼 같았다. 입을 오물거리며 맛있게도 먹었다. 세상에 태어나 처음 먹어본 오징어 맛일 것이었다. 딸은 자식을 건강하게 잘 키운다는 생각으로 그런 음식은 먹이지 않았기 때문이다. 유기농만 고르고 골라 먹였다.

딸은 둘째를 낳기 위해 병원에 입원 중이었다. 첫째 아이를 낳을 때는 어머니인 그녀가 곁에 있어 주었지만 이번에는 달랐다. 딸은 혼자 병원에서 진통을 겪고 있었다. 딸은 어머니가 자기 옆에 있어주기보다는 수민이를 챙겨줄 것을 부탁했다. 집에서 맛있는 것 잘 해서 먹이라고 당부를 하면서.

그녀는 자기 딸이 걱정이고, 딸은 자기 아들이 걱정이었다. 그녀는 아이를 데리고 집에 있자니 딸 걱정 때문에 마음이 안정이 되지 않아 집을 나왔다. 아이와 함께 구미에서 손자와 기차를 타고 대구 역에 내렸다. 역에서 택시를 타고 달성공원으로 갔다.

차에서 내리기가 무섭게 아이는 드넓은 세상을 달리기 시작했다 아파트에서 발을 동동 들다시피 하며 사는 아이를 땅에 내려놓자 번개같이 빨리 달렸다. 그녀는 아이가 행여 넘어질세라 정신없이 아이 뒤를 따라 달렸다. 달리면서 생각을 하니 후회가 되었다. 이러다가 아이를 잃어버리면 어떻게 하나, 다치면 어떻게 하나, 하는 걱정거리가 한두 가지가 아니었다. 그러나 아이는 물 만난 물고기처럼 세상을 마음껏 누렸다.

집을 나올 때 가방에 아이에게 주려고 이것저것 챙겨 넣었다. 물병과 음료수, 빵, 과자, 소시지, 등을 넣은 가방이 무거웠다. 그걸 들고 뒤따라 뛰자니 숨이 찼다. 아이는 쉬지 않고 무조건 앞만 보고 달렸다. 어른이 네 살짜리 아이를 따라 잡지 못했다. 혼이 나갈 지경이었다. 큰 소리로 수민아! 수민아! 잠깐만, 잠깐만, 하고 소리쳐도 아이는 그냥 달렸다.

그녀는 급한 김에 "저기 호랑이 있다. 호랑이 보러가자"

라고 했다. 그때서야 아이는 달리기를 멈추고 획 돌아봤다.

아이를 진정 시켜 주스를 먹이고 숨을 돌리는 순간, 아이는 호랑이가 보이지 않자 다시 왔던 길로 뛰어갔다. 그녀도 허겁지겁 따라 뛰었다. 얼마나 뛰었을까, 아이를 겨우 붙잡아 업고 공원 동물원으로 갔다. 호랑이, 코끼리, 원숭이를 보여주었다.

아이는 얌전히 동물 구경을 했다. 동물구경을 끝내고 술래 잡이를 했다. 숨고 찾으면서도 아이는 무조건 뛰었다. 그녀는 숨이 턱밑까지 차올랐다. 목에선 기침이 나왔다. 목이 바싹 타들어갔다.

집에서 기차를 탈 때는 상상하지 못했던 일이었다. 그냥 걸으며 구경하면 되는 것으로만 생각했었다. 아이들 심리를 모른 게 문제였다. 더욱이 그녀는 하이힐을 신고 있었다. 발이 물집이 생겨 쓰라렸다. 다리를 절룩거렸다.

아이가 여러 가지 새들과 곰을 보며 좋다고 손뼉을 칠 때마다 시름이 사라졌다. 아이는 작은 손바닥으로 짝짝,

손뼉을 치고 그녀는 웃으며 행복에 빠졌다. 그늘진 나무 아래 솜사탕 장수가 있었다. 흰 솜사탕, 분홍솜사탕이 아름다워 보였다. 그것을 모두 사서 양손에 쥐어 주었다. 그녀도 한입 아이도 한 입 솜사탕을 먹으며 구경을 하던 중 아이 눈꺼풀이 스르르 내려앉았다.

아이가 잠에 빠졌다. 그녀는 축 늘어진 네 살짜리 아이를 업고 하이힐 구두를 신고 걸었다. 가방 속에는 먹을 것이 잔뜩 들어 있었다. 가늘고 약한 몸으로 아이를 업고 무거운 가방을 들고 강한 봄 햇살 아래 걸었다. 몸이 금방 내려앉을 것만 같았다. 있는 힘을 다해 걸으며 숨을 헐떡거렸다. 등에서는 땀이 흐르고 아이는 세상모르고 자고 있었다.

뛰어 다니느라 힘이 빠진 아이는 땀이 볼을 타고 흘러내렸다. 온 몸이 끈적거렸다. 두 손에 쥔 솜사탕이 어깨 위에서 덜렁거렸다. 그녀가 버리려고 잡아 빼려고 했다. 아이는 잠결에도 꼭 쥐고 놓아 주지 않았다. 그녀 어깨 위에서 솜사탕이 녹고 있었다. 허리는 금세 꺾어질 듯 아렸다. 구두도 벗어버리고 맨발로 걷고 싶었다.

함부로 집을 나선 것을 후회를 하면서 달성공원에서 서문시장까지 아이를 업고 걸었다. 해산할 딸을 생각해 제일 크고 제일 비싼 미역을 샀다. 어디서 그런 힘이 나오는지……, 길고 긴 미역까지 무게를 더해도 딸에게 좋은 미역국을 먹일 욕심에 견뎌야 했다.

그녀는 아이를 업고 미역을 들고 가방을 들고 택시를 타고 다시 기차를 탔다 자리에 앉자마자 아이가 깼다. 아이는 잠에서 깨자마다 "오징어"하고 소리쳤다.

하루 종일 그 고생을 하고는 병원으로 갔다. 딸은 아직까지 진통 중이었다. 딸에게 기차를 타고 대구 달성공원 동물원 구경하고 왔다고 자초지종 말했다. 딸은 "그러다 아이 잃어버리면 어떻게 하려고!"라며 깜짝 놀라며 나무랐다. 그녀는 눈물이 솟구치는 것을 참으며 딸에게 폰으로 찍은 사진과 동영상을 보여주었다. 딸은 진통을 하면서도 사진과 동영상을 끝까지 보았다. 그녀가 자기 아들을 데리고 어디를 갔으며 어떻게 놀았는지를 다 확인한 후에야 딸은 자기 아이에게 구경을 잘 시켜주었다는 것에 만족해하며 좋아했다.

그녀는 그런 딸을 바라보며 부모와 자식 간의 사랑이 무엇인가 하고 생각했다. 어린 자식이 장성하여 자식을 낳고, 손자가 아무리 귀해도 내 자식만은 못했다. 궁극에는 내 자식이었다. 내 자식이 자식을 낳는다고 고통받는 것이 너무 안타까워 그녀는 또 가슴을 졸이며 출산을 기다렸다.

가문을 위하여

1

객지생활을 하는 이광식은 오랜만에 고향인 전주로 내려갔다. 오래된 집들은 새마을 운동으로 동네 초가지붕이 슬레이트 지붕으로 바뀌어 있었다. 슬레이트 지붕은 여러 가지 색색으로 단장을 했다. 파란색, 빨간색, 자주색 등 알록달록한 지붕으로 변했다. 울긋불긋한 가을 단풍을 연상케 했다.

농촌운동은 4-H 운동으로 지, 덕, 노, 체를 새긴 모자를 쓰고 농촌 마을마다 개량운동이 벌어졌다. 4-H는 명석한 머리(head), 충성심(Heart), 근면한 손(Hands), 건강한 신체(Health)를 의미했다. 농촌청년들은 너나없이 4-H노래를 힘차게 불렀다.

> 네 잎 다리 클로버의 우리 깃발은
> 순결스런 청춘들의 행운의 표정
> 지덕노제 네 향기를 담뿍 싣고서
> 살기 좋은 우리 농촌 우리 힘으로
> 빛나는 흙의 문화 우리 손으로

삐뚤삐뚤한 논둑길도 신작로처럼 넓어졌다. 집집마다 전깃불이 환하게 들어와 눈이 부실 지경이었다. 광식은 중학교만 졸업하고 강원도 삼척 탄광에서 십년이나 일을 하고 처음 고향집을 찾아왔다. 동생들 학비와 어머니 약값을 벌기위해서 늘 편지로만 그간 소식을 전하고 전해 들었는데 동네가 새마을운동으로 길이 넓어지고, 산길 포장이 한창이었다.

광식이가 왔다는 소식을 들은 중학교 친구 인섭이가 찾아 왔다.

"야, 임마 돈을 벌더니 얼굴이 희고 물 찬 제비 같구나."

맞는 말이었다. 깊은 땅 속 탄광에서 햇빛을 보지 못한 광식의 얼굴은 희다 못해 창백했다. 더욱이 괭이질에 얼굴은 탄가루로 새까맣게 노상 덮였다. 탄가루에 덮인 얼굴은 탄광 밖으로 나와 햇빛을 받아도 타지 않았다.

광식은 그런 말을 하는 친구들이 답답했다. 친구들은 그곳이 어떤 곳인지 모르기 때문이었다. 농촌에서 일 할 때는 얼굴이 햇볕에 그을려 구릿빛이었다. 친구들은 얼굴색이 흰 것을 보고 고향을 떠나 편하게 돈을 벌은 것으로 생각한 것이었다.

"오늘 정체네 앞집 큰 기와집에 잔치가 있다는데 안 가볼래? 너도 전주 이 씨 댁 알잖아."

친구들이 그의 손을 끌고 고래 등 같은 기와집으로 갔다. 많은 사람들이 그 집으로 가고 있었다. 그들은 흰 도포를 입고 갓을 쓰고 갓 줄에 구슬이 색색으로 꿰여 그네를 타듯이 달랑거리며 걸어가고 있었다. 색색가지 구슬은 양반의 높고 낮음을 말해준 것이었다. 한편 고무신을 신고 예의를 갖추며 가는 사람들도 눈에 띄었다. 갓을 쓴 양반들은 소매가 넓은 두루마기를 입고 손가락에 가락지를 끼고 활개를 치듯 거침없이 걸었다.

고래 등 같은 기와집은 들어서자마자 기가 질리도록 마당이 넓었다. 마당에는 차일이 열 개쯤 쳐져있고 하인들이 음식을 나르느라 여기저기서 왔다 갔다 했다. 잔치 집 큰 어른이 상석에 앉아있고 제일 나이가 많은 종손이 그 집 할아버지에게 인사를 올렸다. 할아버지는 얼굴에 기름기가 반들반들했다. 자식들이 모두 관직에 있어 전주 이 씨 가문의 위세가 한껏 빛냈다.

광식의 동창생 동수는 면장이 되어 있었다. 코흘리개 친구 홍철이는 동네 이장노릇을 하고 있었다. 모두 잔치 집에 모였다.

"광식이 너, 참말로 출세했나보다. 하얀 얼굴부터 귀티가 졸졸 흐른다 아이가."

남의 속도 모르고 모두 얼굴만 희면 좋은 줄 알고 있었다. 시골은 워낙 햇볕에 탄 얼굴들이 많으니 그럴 수도 있었다. 서로 옛날이야기로 술잔이 몇 순배 돌았다.

팔에 힘이 풀리고 혀가 꼬부라지기 시작했다. 초등학교 동창인 김금자 이야기가 나왔다. 박 씨 집에 시집을 갔다가 아이 하나 낳았을 때 남편이 죽고 친정에 와 있다고 하면서 불쌍하다고 했다. 면장 동수가 술에 취해 반쯤 울먹이듯 금자 이야기를 했다.

광식은 왠지 사랑방에 품위 있게 앉아 손님들로부터 인사를 받는 어른이 자꾸만 눈에 익었다. 한참을 헤맨 끝에 생각이 떠올랐다. 분명히 동굴 속 그 얼굴이었다. 초등학교 다닐 때였다. 캄캄한 동굴 속에서 남자가 혼자 살고 있었다. 늙지도 않았는데 할아버지처럼 수염이 길고 머리는 둘둘 말아 상투를 틀어 올리고 몸은 나무 막대기처럼 말랐던 그 사람이었다.

비가 오는 날이면 산에서 작은 돌멩이가 줄줄 흘러 내려 남자가 있는 굴 입구를 막아버렸다. 그때마다 마을 사람들이 돌을 치워주었다. 비가 많이 오는 날이면 인정 많은 마을 사람들은 늘 남자의 생사를 걱정했다.

굴 앞에는 개울물이 흘렀다. 비가 많이 오는 날에는 물이 불고 물살이 세서 건너가지 못했다. 개울 앞길로 초등생들이 학교에 다녔다. 아이들은 재잘거리며 걸어가다가 혹시 남자가 있나 없나 확인하곤 했다. 어떤 아이들은 돌을 던져 보기도 하고 어떤 아이들은 "죽었어요?"하고 손나팔을 하고 소리를 질렀다.

그럴 때면 굴속에서 남자가 밖으로 나왔다. 아이들은 신발이 벗겨지는 줄도 모른 채 우르르 뛰어가며 비명을 질렀다. 아이들은 무서워하면서 "아직 살아 있다. 맞지!"하며 반가워했다. 남자는 아이들을 단 한 번도 혼내거나 화를 내지 않았다. 돌멩이를 던지고 소리를 지를 때마다 굴 밖으로 쓱 나타날 뿐이었다. 때론 아이들에게 무언가를 주고 싶어 들고 나오기도 했지만 아이들은 멀리 도망쳐버리고 말았다. 광식은 그때 돌멩이질을 했던 일이 환히 떠올랐다. 벗겨진 신발 한 짝을 손에 들고 도망치던 일이 술 취한 정신에도 또렷하게 생각이 났다.

남자는 비가 오는 날이면 물가에 앉아 깡통을 옆에 놓고 무엇인가 주워 담았다. 윗마을 비탈진 밭에서 감자가 빗물에 쓸려 떠내려 오는 것을 주워 모았다. 과일도 떠내려 오는 것을 주워 모았다. 개울에 떠내려가는 것은 무엇이나 주워 다가 깡통에 넣고 끓여 먹었다. 남자는 그렇게 살아도 남의 것을 훔치는 일이 없었다. 정직하게 살았다. 떠내려 오는 과일을 모아 혼자만 먹지도 않았다. 자기처럼 떠돌이 사람들에게 나누어 주었다.

소문에는 남자가 옛날 구한말에 망해버린 양반출신이라고 했다. 할아버지와 부모가 독립운동을 하느라 재산을 모두 잃어버렸고 할아버지와 부모는 옥에서 옥사를 했으며, 남자는 일본 경찰에게 잡혀가 고문을 받다가 벙어리가 되었다고 했다. 남자는 일체 말을 하지 않았기 때문이었다. 사실 누가 남자와 말을 하려고 하지 않으니 남자는 말할 기회가 없었다.

그러고 보니 남자는 거지꼴이기는 해도 생김새가 예사롭지 않았다. 이목구비가 훤칠하게 생겼고 눈빛도 예리하게 빛났다. 무슨 생각엔가 잠기면 한나절도 꼼짝하지 않았다. 두 다리를 가부좌를 틀고 앉아 하늘을 향해 고개를 젖히고 그렇게 늘 앉아 있는 것이 목격되었다. 마을 사람들은 그럴 때마다 남자가 도사일 거라고 했다. 도사는 일부러 그렇게 살아가는 것이며 그렇게 살아야 하늘의 이치를 깨우친다고 했다.

남자에게 아들이 하나 있었다. 처음에는 아들과 함께 굴속에서 살았는데 도망쳐 나와 남의 집 헛간에서 잠을 자면서 여름이면 아이스께끼 장사를 했다. 남자에게는 가지 않았다.

광식이 어려서 일이니 굴 속 남자는 이제 노인이 되었을 것이었다. 광식은 아무리 봐도 전주 이 씨 양반집 잔치 집 상석에 앉아있는 노인이 초등학교 다닐 때 본 굴 남자가 틀림없었다. 돌을 가장 많이 던진 초등학생이 바로 광식이 자신이었기 때문에 더 생생하게 기억이 났다.

광식은 본격적으로 노인과 전주 이 씨 가문을 조사해 보고 깜짝 놀랐다. 사연은 간단했다. 수년전에 미미한 가문의 어떤 졸부가 자기네들도 이제 족보 있는 가문을 만들고 싶었다. 족보를 만들기 위해 애를 쓰던 끝에 굴속의 남자가 전주 이 씨라는 것을 알게 되었다. 비록 굴속에서 살고 있지만 뼈대 있는 전주 이 씨인 것을 알고 집으로 모셔 와 아버지를 삼았다. 그렇게 해서 부자는 이제 뼈대 있는 전주 이 씨 가문이 되었다. 그리고 굴속 남자는 부자 집안 어른으로 대접을 받았다. 부자는 굴속 남자의 성을 따 이주봉이라는 이름을 지었다.

굴속 남자는 비록 도랑물에서 건져올린 것이지만 자기보다 더 어려운 사람들을 도왔다. 또 남의 것을 탐내거나 훔치는 일이 없었다. 굶어 죽어도 품격 있는 양반의 행실을 했던 탓에 복을 받은 것이라고 마을 사람들이 남자를 부러워했다.

한편 아이스깨끼 통을 메고 다니면서 남의 집 헛간을 전전한 굴속 남자의 아들은 부잣집에서 데려다 공부를 시켰다. 빼 대 있는 좋은 핏줄이니 머리가 좋을 것이라고 믿었다. 정말 남자의 아들은 서울에서 제일 좋은 학교만 골라 공부를 하여 당당하게 고등고시에 합격했다. 부자 이주봉은 역시 "콩 심은데 콩 나고, 팥 심은데 팥 나듯이 씨는 못 속인다."면서 기뻐했다.

2

그런데 광식이 정작 놀란 것은 굴 남자의 혼례식이었다. 남자도 이제 나이가 들어 65세였다. 환갑진갑이 다 지났는데 장가를 간다는 것이었다.

굴속 남자를 아버지를 삼은 이주봉은 딸만 다섯에 아들이 없었다. 새로 만든 이 씨 가문 대를 잇기 위해 굴속 남자를 결혼시킨 것이었다. 물론 이주봉이 어디 가서 아들 하나 낳아오는 것쯤이야 할 수도 있었다. 그런데 꼭 뼈대 있는 굴속 남자 씨를 받고 싶었다. 굴속 남자 아들이 서울에서 척척 좋은 학교를 졸업하고 판사가 된 것을 생각하면서 이주봉은 무슨 일이 있어도 새아버지의 핏줄로 가문을 이어야 한다고 마음먹었다.

가마에서 새색시가 내렸다. 연지곤지를 찍고 족두리를 쓴 색시가 고개를 다소곳이 숙인 채 부축을 받고 내렸다. 새색시의 볼이 복사꽃처럼 활짝 피어올랐다. 마당에는 잔치 상이 차려져 있고 혼례식이 시작되었다. 굴 남자, 아니 환갑진갑을 넘긴 할아버지가 도포를 입고 갓을 쓰고 마당으로 내려왔다. 젊은 새색시에게 장가를 가는 할아버지는 얼굴에 기쁨이 가득했다.

신랑신부가 맞절을 하고 서로 잔을 권하는 차례가 되었다. 그때 신부가 잔을 받아 마시려고 고개를 약간 들어올렸다. 순간 광식은 "앗!"하고 소리를 지를 뻔했다. 신부는 광식이가 초등학교 때부터 좋아했던 금자였다.

금자도 광식을 좋아했다. 광식은 지금까지 금자를 늘 마음속에 담고 있었다. 그러면서도 너무 가난하여 금자에게 나에게 시집오라는 말을 할 수가 없었다.

광식은 가정 형편이 어려워 삼척 탄광에서 번 돈을 모두 집으로 보냈다. 고향 친구들은 모두 결혼이라도 했지만 광식은 아직 미혼이었다. 그런데 금자가 늙은 영감에게 시집을 가는 것이었다. 가슴이 쿵 내려앉았다. 아직 결혼을 못한 노총각 광식은 25세 꽃다운 금자가 안타깝고 억울해서 견딜 수가 없었다.

잔치 집에 갔다 돌아온 광식은 자리에 눕고 말았다. 그렇게 며칠을 누워 있는데 삼척 탄광에서 연락이 왔다 빨리 복귀 하라는 독촉이었다. 광식이의 마음이 활활 타들어 갔다. 탄광에 가는 일을 차일피일 미루면서 금자 생각에 빠졌다. 밤이면 밤마다 산길을 넘어 금자가 사는 기와집 담을 몰래 넘어다봤다. 먼발치에서라도 금자를 보고 싶었다. 그렇게 몰래 담을 넘어다보다가 다시 돌아오기를 여러 날 하던 끝에, 어느 날 동구 밖으로 산책을 나가는 금자를 발견했다.

금자는 행복해 보이지를 않았다. 어둠이 깔리는 저녁 세찬 바람이 늦가을 낙엽을 몰고 다니는 날, 금자는 쓸쓸하게 혼자 걷고 있었다. 광식은 자신도 모르게 금자의 손목을 독수리처럼 낚아채어 산능선을 치달아 올랐다. 금자는 숨조차 쉴 수 없이 마구 끌려갔다. "왜 이러냐?"는 소리도 나오지 않았다.

산짐승에게 물려가듯 끌려가던 금자는 겨우 광식을 밀쳤다. 그리고 광식을 향해 미쳤느냐고 항의했다.

"그래, 나 미쳤어. 금자 니가 늙은 영감에게 시집가는 걸 보고 미쳐버렸다니까."

"이제 와서 그러면 뭘 해."

금자도 마음을 숨기지 못했다. 금자는 결혼식하는 날 광식이가 온 것을 알고 있었다. 밤마다 찾아온 것도 알고 있었다.

광식은 금자를 끌어안았다. 그리고는 "너를 보낼 수 없어. 나랑 여기서 도망가자."라고 했다. 금자는 벌벌 떨었다. 광식이 다시 말했다.

"나 이제 우리 가족에게 할 만큼 했다. 이제부터는 나를 위해서 살 거야. 탄광으로 가면 아무도 몰라. 거기는 외부 사람들이 오지 않으니 우리 둘이 평생 숨어 살아도 아무도 몰라. 그렇게 하자 금자야."

"정말 안 들키고 살 수 있을까?"

"가보면 알 거야. 광부들 말고는 아무도 없다니까. 나는 날마다 땅속에 들어가 탄을 캐니 더더욱 모르지."

금자는 고개를 끄덕였다. 광식이 금자를 끌어안고 숲속으로 들어갔다. 새들이 지저기느라 야단이었다. 그 속에서 두 사람은

이주봉 집에서는 색시가 사라져버리자 야단이 났다. 이주봉은 무슨 일이 있어도 금자를 찾아야 한다고 작심하며

사람을 풀었다. 금자를 찾느라 야단이 났다. 몇날 며칠 아무리 찾아도 금자의 그림자도 보이지 않았다. 이주봉은 현상금을 걸었다. 금자를 찾아준 사람에게는 논 열 마지기를 주고 금자가 어디 있는지 알려준 사람에게는 논 다섯 마지기를 준다고 방을 써 붙였다.

그러자 마을 사람들이 모두 금자 찾기에 나섰다. 논 열 마자기는 꿈같은 이야기였다. 천석꾼 이주봉네 말고는 마을에서 논 두세 마지기를 가지면 부자소리를 들었다. 대부분 밭때기뿐이었다. 밭도 변변치 않아 일 년 먹을 양식이 늘 부족했다. 마을 사람들은 눈앞에 논 열 마지기 혹은 다섯 마지기가 왔다 갔다 했다. 그런데 금자는 오리무중이었다.

지쳐버린 마을 사람들이 수군거리기 시작했다. 스물다섯 살 젊은 색시가 늙은 영감과 살기 싫어 도망을 갔을 것이라고 했다. 어쩌면 우물에 빠져 죽었을 지도 모른다고 생각했다. 사람들은 우물을 퍼내기 시작했다. 손에 물집이 잡히도록 우물을 퍼냈지만 금자는 없었다.

광식이 친구들 중에도 금자를 찾아 나섰다. 그런데 광식이도 보이지 않았다. 광식이 친구들은 주춤했다. 그리고 한 친구가 은밀히 말했다.

"논 아니라 황금을 한 가마니 준대도 더 이상 금자 찾지 마."

"무슨 소리야?"

"광식이가 금자 달고 도망갔잖아."

"맞아. 금자 결혼식 날 광식이 얼굴이 말이 아니었거든."

"그런 줄도 모르고 우리는 금자를 찾겠다고 나서다니."

"아무튼 두 사람 어디 가서든 잘 살아야 할 텐데."

그렇게 세월이 10년이 흘렀지만 두 사람 소식은 들려오지 않았다.

어떤 할머니의 하소연

그녀는 부산에서 서울로 가는 기차를 탔다. 시간은 두 시간 30분 남짓 걸릴 것이었다. 그녀 옆자리에 할머니가 앉아 있었다. 할머니는 자꾸 그녀를 힐끔힐끔 쳐다보았다. 무슨 말인가 하고 싶은 눈치였다. 창밖을 응시하고 있던 그녀도 할머니를 바라보았다.

할머니는 이때다 싶어 이야기를 늘어놓기 시작했다. 할머니는 이야기를 할 상대를 찾고 있었던 것처럼 그녀와 눈이 맞자마자 거침없이 신세한탄을 하기 시작했다.

할머니는 혹독한 시집살이와 남편의 바람기에 지쳐 갖가지 병이 들었다고 했다. 그녀는 할머니의 이야기에 공감했다. 그녀도 비슷한 삶을 살았기 때문이었다.

할머니는 새벽부터 밤늦게까지 일만하다 병이 들었는데 허리 한번 펴보지 못했다고 하소연했다. 그것도 비슷했다. 그녀야말로 젊은 시절을 일만하다 보내고 말았다. 할머니는 그래서 허리가 구부러지고 말았다고 한숨을 쉬었다.

할머니는 갖은 고생을 했지만 뭐니 뭐니 해도 남편 바람기만큼 힘든 게 없다고 했다. 그녀는 더욱 공감했다. 남편 바람기야말로 사람 잡는 무서운 폭력이었기 때문이다. 그녀의 남편도 평생 바람으로 시작해 바람 속에서 살고 있었다.

할머니의 남편은 봄여름 가을 겨울 사철 변함없는 바람쟁이였다. 고기 집에 가면 일하는 여자들 중에서 가장 어린 여자를 꾀어내어 연애질을 했다고 한다. 한 여자와만 하는 게 아니라 한꺼번에 두 셋씩을 돌아가면서 했다고 한다. 그러느라고 산판도 팔아 바치고 집도 팔아 바쳤다고 한다. 어떤 여자에게는 식당을 차려주고, 어떤 여자에게는 옷가게를 차려주고 어떤 여자에게는 아파트와 미용실을 차려주었다며 “썩을 놈, 지 새끼, 지 마누라에게는 손수건 떼기 한 장 안 사주면서.”라고 욕을 했다.

그녀는 하마터면 “어쩌면 그렇게도 똑 같아요.”라고 소리칠 뻔했다. 그녀도 자식들 학비를 받아낼 때마다 벌벌 떨어야 했다. 자식들은 울고 남편은 “돈이 하늘에서 뚝 떨어지는 줄 알아!”라고 고함을 치면서 한참을 으름장을 놓다가 돈을 휙 던져주었다.

할머니는 갈수록 음성이 높아져갔다. 남편의 횡포가 거세진 대목을 말할 때는 아예 팔이 위로 올라가고 눈이 빨갛게 충혈 되었다. 할머니는 아이들 중학교 등록금까지는 그래도 견딜만했다고 한다. 그런데. 연년생인 다섯 아이들이 고등학교에 줄지어 올라가자 등록금 낼 때만 되면 집안이 난리가 나고 말았다고 한다. “니들이 뭔데 내 돈을 빼가는 거야.”라고 고함을 치면서 아이들을 두들겨 패고 나서야 돈을 주었다고 한다. 그렇게 하고라도 돈을 주어야 덜 억울하다고 했다고 한다.

할머니 아이들은 고등학교 이상 진학을 할 수가 없어 셋째 아이만 대학을 나왔다. 그것도 첫째와 둘째가 돈을 벌어서 대학 등록금을 내주었기 때문이라고. 할머니 남편은 계속 바람 속에서 살았다고 한다. 군청 공무원인 남편은 너무 바람이 심해 군청에서 모두 알아버리고 말았다. 그래서 명예롭게 퇴직도 하지 못하고 스스로 사표를 내고 말았는데 그래도 소용이 없었다. 그런데 뜻밖에 조상 대대로 물려준 산판이 길이 나는 바람에 큰돈이 되었다. 할머니 남편은 이게 웬 돈벼락인가 싶어 더 큰 바람을 몰고 왔다.

할머니 남편은 아이가 하나 딸린 서른 살 남짓한 젊은 여자와 살림을 차렸다. 자가용도 벤츠로 바꾸고 여자와 아이를 태우고 다니면서 희희낙락하면서 살았다. 어쩌다 할머니가 그 여자에 대하여 말만 꺼내도 "이게 돌았나. 니깐 촌년이 뭘 안다고 주둥일 놀려."라고 하면서 소리를 질러버렸다.

남편은 그 여자와 아이를 데리고 외국에도 자주 갔다. 한 번은 할머니 큰아들이 할머니를 데리고 남편과 그 여자가 사는 집을 몰래 쳐들어갔다. 물론 외국에 나가고 없을 때였다. 시내와 떨어져 있는 호화 전원주택이었다. 열쇠를 전문으로 하는 친구에게 집 열쇠를 만들어달라고 하여 열고 들어갔다.

집에는 온갖 외제상품으로 가득했다. 방이 다섯 개나 되었다. 넓은 거실에는 외국식으로 페치카가 설치되어 있고 그랜드 피아노가 놓여있었다. 여자가 치는 모양이었다. 안방에도 외제 침대가 놓였고 식탁도 외제였다.

전자제품도 모두 외제였다. 정작 드레스 룸을 보고 할머니는 기절할 뻔했다. 평생 옷 한 번 제대로 사주지 않는 남편이 그 여자에게는 명품으로 드레스 룸을 가득 채우고도 모자라 방 하나를 가득 채우고 있었다. 가방이며 구두까지 모두 외제였다. 갑자기 생긴 돈으로 그 여자를 호강시키는 데 혼을 빼고 있었다.

더 분한 것은 할머니와 이혼을 하려고 한 것이었다. 이혼을 하려고 온갖 수작을 부렸다. 집에 한 번씩 오면 할머니 농을 디졌다. 혹시 뭐 꼬투리 잡을 일이라도 있는가 싶어 눈에 불을 켰다. 언젠가는 제사를 지내러 왔다가는 농안에 걸려 있는 새 옷을 보고 야단이 났다.

"야, 이리와 봐. 이거 어디서 돈 나서 샀어?"

옷은 딸이 알바를 했다면서 사준 것이었다. 딸은 혹시 옷이 치수가 맞지 않으면 바꾸라면서 마침 영수증을 주고 갔었다. 할머니는 30만원이 적힌 영수증을 보여주면서 딸이 사주었다고 했지만 남편은 믿지 않았다. 남편은 큰돈을 쓰면서 여자들을 호강을 시키면서도 30만원짜리 옷을 보고 기절을 하는 표정이었다.

"옷값이 무려 30만원인데 명희가 사주었다고? 감히 나를 속이려 들다니. 어떤 놈이야?"

그 일로 남편은 한 해가 다 가도록 할머니를 괴롭혔다. 이실직고 하면 그냥 넘어가지만 그렇지 않으면 용서할 수 없다고 했다. 또 산부인과에 갔다 온 것을 알고 어느 놈과 붙어먹고 유산을 하러갔느냐고 족치기도 했다. 그렇게 하다하다 안되자 나중에는 다른 방법을 쓰기 시작했다.

어느 날 갑자기 남편이 집에 들이닥치더니 구름 산으로 등산을 가자고 했다. 해가 지고 있는데 등산이라니? 하며 할머니는 의아한 표정으로 물었다. 물론 구름 산은 야간 등산객들도 있다고는 들었다. 그렇더라도 단 한 번도 가지 않은 산에 가자는 것은 어쩐지 이상하게 들렸다.

"이 시간에 산에는 왜요?"

"왜, 겁나나. 이만큼 살았으면 됐지 죽을까 겁나냐고?"

"아니 그런 게 아니라 느닷없이 산에 가자고하니 그렇지요."

"남편이 가자고 하면 따라나설 것이지 토를 달기는 빨리 나서기나 해."

할머니는 울며 겨자 먹는 심정으로 남편을 따라 나섰다. 사람들이 드문드문 올라가고 내려오고 있었다. 내려오는 사람이 열이면 올라가는 사람은 두셋쯤이었다. 남편은 앞장서서 잘도 올라갔다. 할머니는 남편을 따라가느라 숨을 헐떡였다. 구름 산은 높아서 구름 산이라고 붙였다는데 올라가도 올라가도 끝이 없었다.

남편은 중간 중간 서서 기다려주지 않고 올라간 탓에 남편이 보이지 않았다. 해가 지고 밤이 되자 어두워서 더욱이 보이지 않았다. 가로등이 군데군데 있었지만 그건 겨우 길을 비춰줄 뿐이었다. 산 중간쯤 올랐을 때 남편을 만났다.

"힘들지?"

남편이 뜻밖에 친절한 목소리로 손을 내밀었다. 자기 손을 잡고 올라가자는 뜻이었다. 할머니는 깜짝 놀라며 손을 선뜻 잡지 못했다.

"왜, 내가 널 죽이기라도 할까봐? 어서 잡아."

할머니는 순간 소름이 쫙 끼쳤다. 가로등 불빛 속에서 남편의 눈빛이 번득이는 것을 본 탓이었다. 남편은 무슨 생각을 하는지 점점 더 친절해지기 시작했다.

"손 안 잡을 거야?"

"됐어요. 그런데 어디까지 올라갈 참인가요. 이제 그만 내려가지요."

"이년이 나를 의심하네? 좋아 니 소원대로 해주지."

남편은 할머니의 손을 확 잡아채어 끌고 길을 벗어났다. 산속으로 마구 들어가는 것이었다. 바위가 많고 거친 돌이 많아 자칫 걸려 넘어질 것 같았다. 할머니와 남편의 발에 걸린 돌이 굴러가는 소리가 들렸다. 사람이 아래 있다면 큰일이라는 생각이 들 지경이었다.

"손 좀 놓고 가요. 왜 이러냐고요?"

"요년이 아직 살아있구만. 그 입 다시는 열지 못하게 해

주지. 이리 와봐."

남편이 할머니를 와락 끌어안았다. 그리고는 할머니 귀에 대고 속삭였다.

"우리 여기서 그냥 끝내버리자. 마음 맞지 않은 사람끼리 살아서 뭐하겠냐. 피차가 힘들잖아."

할머니는 남편에게서 벗어나 정신없이 산을 달렸다. 무조건 아래로 아래로 내리 달렸다. 소리를 질렀다. 누구 없어요. 누구 없어요. 라고 소리를 쳤지만 아무도 없었다. 밤이 너무 깊어가고 있었기 때문이었다. 할머니는 내리달리다가 넘어져 구르기도 하면서 겨우 길로 들어섰다. 때마침 사람들 셋이 내려오고 있었다. 그들이 할머니를 일으켜 세우며 "여자 혼자 오면 위험합니다."라고 했다. 그들을 따라 산을 무사히 내려올 수 있었다.

할머니는 자식들에게 차마 그런 말을 할 수가 없었다. 자식들이 알면, 만약 세 아들이 알면 무슨 일이 일어날지 알 수 없었다. 혼자 부들부들 떨면서 한 달을 살았다. 그런 일이 있는 후 남편은 더 이상 그런 시도를 하지 않았다. 그리고 집에도 오지 않았다.

"엄마 확 불 싸질러버릴까?"

"무슨 소리냐. 그래도 니 아버지다."

아들들이 호화 전원주택을 알고 흥분했다. 할머니는 아들이 불을 지르고 싶다고 하자 펄쩍 뛰며 그래도 아버지이니 참아야 한다고 말렸다.

자식들이 이제는 가만히 있지 않았다. 자식들이 일어서자 남편이 어리둥절했다. 자식들이 말했다.

"아버지, 우리가 언제까지나 어린아이들일 줄 아셨어요? 아버지 마음대로 주어 패고 무시하고 짓밟아도 벙어리가 되어 울기나 하는 어린아이들인 줄 아셨냐고요? 그까짓 돈 몇 푼 주면서 기분대로 작살내도 되는 불쌍한 병신 어린 것들일 줄 아셨냐고요!"

"뭐야? 이것들이 간이 배밖에 나왔나. 니들이 누가 번 것을 믹고 살았어? 이때까지 누가 먹여 살렸느냐 말이야?"

"먹여 살리니까 그렇게 팼어요? 처자식 먹여 살리면 그렇게 마구 패고 지랄을 해도 된단 말이에요? 누가 그래요? 어떤 놈이 그래도 된다고 했냐고요?"

큰아들이 악을 쓰면서 달려들자 그때서야 남편이 멈칫했다. 아들 셋에 딸 둘이 장성하자 남편은 재산을 자식들에게 주지 않으려고 여자들 편으로 빼돌렸다. 그리고는 자연인이 되어 오래오래 살겠다면서 더 좋은 자연을 찾아 전원주택으로 집을 옮겼다.

할머니는 지금 70대 후반이라고 했다. 자식들이 지금이라도 이혼을 하라고 조른다고 했다. 심지어 시가 쪽 사람들도 그런 자와 이혼을 하라고 한다고 했다. 그러자 그녀가 말했다.

"그런 인간과 이혼을 해야지요. 하루를 살다 죽어도 사람은 사람대접 받고 살아야지요."

"다 그렇게 말하지요. 하루를 살다 죽어도 사람대접 받아야 한다고. 그런데 내 생각은 달라요."

"다르다고요?"

"내 나이 일흔 다섯인데, 이제 곧 팔십인데 이혼해서 뭐하겠어요. 내가 이혼해주지 않는 게 복수하는 길임을 알았네요. 그 여자들과 혼인신고 하고 당당하게 살아가게 해줄 수 없네요. 죽어도."

"그 말도 일리가 있네요. 이혼해주면 그 사람들 세상이 될 테니."

"남편은 자기가 신인 줄 알고 있어요. 자기는 죽지 않는다네. 옛날에는 교회에 나가기도 했는데 그래서 목사가 되겠다고 하더니, 또 언젠가는 스님이 되겠다고 하더니, 이제는 명상을 한다면서 자기가 예수와 석가모니 위에 있다고 큰소릴 치니, 기가 막힐 일이지."

할머니의 남편은 공기 좋은데서 맨발로 다니면서 명상을 한다고 했다. 혈관청소를 하는 특효 물이라면서 무슨 물인지 혼자 마시는가 하면 아침마다 찬물에 소금을 타서 한 되들이를 단숨에 들이마시면서, 천년만년 죽지 않고 살 수 있다고 믿는다고 했다.

그녀는 어쩌면 "나와 똑같을까"라고 놀랐다. 세상에는 그런 남자들이 많은 모양이었다. 그녀 남편 역시 자기 엄마 세사싱에 놓을 것도 돈이 아까워 작게 조금만 하라고 닦달질 하면서 바람피우는 데는 돈을 물 쓰듯 쓴 사람이었다. 시집살이를 하면서 힘들게 사는 아내에게는 콩나물값, 무값도 일일이 따지는 사람이 다른 여자들에게는 큰돈을 펑펑 썼다.

해마다 동지섣달 진눈개비가 흩날리는 날이면 시아버지 기일이 다가오는데 그때마다 남편에게 제사비용을 달라고 전화를 하면 '미친년'이라고 욕을 퍼붓는 것도 할머니의 남편을 쏙 빼닮았다.

그녀 남편도 자연인이 되어 생쌀과 솔잎생식을 한다고 하면서 찰떡, 고구마, 꿀, 인삼을 먹었다. 그렇다고 산중에서 움막집에 사는 것도 아니었다. 도시가 가까운 집에 혼자 살면서 여자들을 불러다 매일 즐기며 살고 있었다.

그녀는 한 번씩 반찬을 장만해 남편을 찾아가지만 남편은 문을 잘 열어주지 않았다. 오히려 왜 왔느냐고 고래고래 소리를 질렀다. 누가 반찬을 해 달라고 했느냐며 빨리 나가라고 그녀를 내쫓았다.

남편은 지리산 피아골에 살면서 아침마다 냉수마찰을 하며 전국 마라톤 대회에 빠지지 않고 참가했다. 그것도 늘 완주를 하여 매달을 벽에 줄줄이 걸어 놓았다. 몸은 아직도 강철 같아 누가 힘이 없다고 하면 비웃음 치며 거만을 떨면서 남을 조금도 이해하려고 하지 않았다. 저만 아는 이기주의자인 남편은 돈이나 지식이나 직장 직위 등등이 자기보다 못 한 사람들을 대하면 업신여긴 눈빛으로 바라보며 사람을 무시했다.

서울로 가는 동안 그녀는 할머니로부터 이야기를 듣고 마음이 몹시 씁쓸했다. 수원에서 산다는 할머니는 천안을 지나 오성 역에서 내렸다. 그녀는 할머니에게 자연인처럼 사는 남편보다 더 오래 살아야 한다고 당부했다. 하루를 더 살아도 반드시 그 남편보다 오래 살아야 한다고 당부를 하자 할머니는 꼭 그러마고 고개를 끄떡였다.

그녀는 할머니가 오래 살기를 빌며 생각에 잠겼다. 호랑이는 죽어 가죽을 남기고 사람은 죽어서 발자취를 남긴다는 의미를 생각했다. 할머니의 남편과 자신의 남편은 무얼 남기려고 그렇게 살아가고 있는지 궁금했다. 그들이 살고 간 자리에는 풀 한 포기도 나지 않을 것이라는 생각이 들었다. 풀은 바늘구멍한만 돌 틈에서도 나지만 그들이 살고 간 자리에는 절대로 풀 한 포기 나지 않을 것이었다.

그녀는 할머니가 앉았던 자리를 더듬어보았다. 할머니

의 고단함이 가슴 아프게 느껴졌다. 동변상련의 아픔이었다. 자신도 모르게 눈물이 흘러 내렸다.

낮잠과 꿈

집을 떠난 그녀는 그날따라 잠이 오지 않았다. 자정이 넘은 지 벌써 세 시간이 넘었다. 잠결에 팔을 긁어서 핏자국이 있었다. 여름 밤 더위에 끈적거림과 방안에 들어온 모기 몇 마리 때문에 좀처럼 잠이 오지 않았다. 모기에 물려 다시 잠을 깬 것이다.

푸른 하늘엔 별이 총총 반짝이며 수를 예쁘게도 놓고 있었다. 도시의 하늘엔 큰 별 몇 개만이 보일 뿐이었는데 강원도 태백산 하늘엔 바닷물을 펴 올린 듯 맑게 보였다.

한낮의 불길 같은 태양도 숨어버리고 솔향기가 창문을 통해 상쾌하게 들어왔다. 모처럼 혼자 여행을 간 것이다. 깊은 산골이라 산 넘어 작은 암자에 스님의 목탁 소리가 고요한 산을 깨우고, 스산한 바람까지 불었다.

방안에는 쟁반에 담겨진 주전자와 컵 하나가 낯설게 놓여있다. 그녀와 동행한 가방 하나가 전부였다. 여름이지만 몸이 부르르 떨렸다. 추위를 느꼈다. 그녀는 잠이 오지 않아 이불을 개켜 가지런히 윗목에 챙겨 놓고 밖으로 나갔다.

아직 이른 새벽이라 날도 밝지 않았다. 그녀는 동전 몇 개와 지폐 몇 장과 열쇠가 든 작은 지갑을 들고 핸드폰도 없이 밖으로 나갔다.

어떤 여자가 하얀 계량 한복을 곱게 차려 입고 무거운 가방을 들고 그녀 앞에서 걸어가고 있었다. 새벽 기도를 갔다가 집으로 가는 것인가 싶었다.

강가에는 갈대나무가 빽빽이 군무를 이루듯 서 있었다.

중학교 수학여행 때 가본 부석사가 떠올랐다. 어둠이 깔린 새벽이라 갈대는 긴 행렬처럼 늘어서서 도포 옷을 매만지듯 바스락거리며 강물을 지키듯 서 있었다.

넓은 강바닥에는 모래 채취를 한 자국들이 군데군데 움푹 파여 있었다.

여름이라 샌들을 신었다. 그녀는 조심스럽게 하얀 옷을 입은 여자를 따라 걸었다. 앞서 가는 여자는 처음 본 그녀에게 친절히 대해주며 말을 걸었다. 하얀 옷을 입은 여자는 수원에 사는 어떤 남자 이야기를 했다.

여자가 해준 남자 이야기는 그녀가 처녀시절에 알던 남자 친구 같은 생각이 들어 이름을 물어보았다. 이름도 성도 똑같았다. 그녀는 그 사람을 어떻게 아느냐고 여자에게 물었다.

그 남자는 서울 L병원에서 근무한다고 했다. 알고보니 여자는 마담뚜였다.

"나는, 중매쟁이니까 잘나가는 처녀총각 명단을 상당히 많이 가지고 있어요."

중매쟁이 여자는 오늘도 시간이 없어서 강을 따라 지름길로 간다고 했다.

중매쟁이 여자는 신발이 물에 젖어도 상관하지 않고 강을 한참이나 지나고 있었다. 그녀는 목적지도 없이 중매쟁이 여인을 계속 따라갔다. 모래가 군데군데 쌓여 있고, 모래 웅덩이가 크게 옆으로 서 있었다. 많은 강물이 흐르고 모래가 보이는 강 가장 자리로 발을 옮겨가며 걸었다.

새벽길은 참으로 길고도 멀었다. 그녀는 새벽기도를 하러간 교회에 가방을 두고 온 것을 깜박 잊고 중매쟁이 여자를 따라 간 것이었다.

한 참을 따라가다 보니, 길이 없어 졌다. 언덕위에서 요란한 소리가 들렸다. 황소싸움 소리와 개들이 크게 짖었다.

집채만 한 짐승들이 무서웠다. 그것들이 곧 강바닥으로 뛰어 내릴 것만 같았다. 어떻게 해야 하나. 숨이 막힐 듯했다. 그녀는 더럭 겁이 났다.

중매쟁이 여자는 깊고 높은 절벽 같은 강벽을 혼자 거침없이 뛰어 넘었다. 뒤도 돌아보지 않았다.

그녀는 공사하는 몇 분들에게 살려 달라고 소리쳤다. 공사하는 아저씨들 몇 명이 사다리를 놓아주었다. 그걸 타고 겨우 올라왔다. 그런데 중매쟁이 여자가 보이지 않았다.

"저랑 같이 온 그 여자는 어디로 갔는지 아세요?"

아저씨들에게 물었더니 "저기 가고 있네요."라며 손으로 중매쟁이 여자를 가리켰다.

중매쟁이 여자는 모래가 높이 쌓이는 곳으로 올라가고 있었다.

"아줌마, 길을 같이 걸다가 위험한 일이 있으면 서로 도와가며 가야지, 어떻게 혼자만 갈 수 있어요?"

그녀는 여자를 향해 원망조로 말했다. 여자는 "난 인정머리 같은 건 생각 하지 않아요. 돈 벌기도 바쁘니까."라고 했다.

여자는 정말 돈 버는 이야기만 했다. 이번에 성사된 혼인은 남자는 고등학교만 나오고 여자는 대학을 나온 경우라고 했다. 남자 집은 돈이 많다고 했다. 남자 집에서 빨리 혼인을 시키자고 해 서둘려야 하기 때문에 그녀를 기다릴 수 없었다고 했다.

그녀는 새벽에 우연히 나왔다가 길을 잃은 처지라 기가 막혔다. 지리도 잘 모르는 곳에 혼자 남게 되었다. 인적이 드문 곳이라 무섭고 겁이 났다. 그래도 사람을 따라가야 한다고 생각했다. 그래서 계속 여자를 따라 걸었다.

얼마나 걸었을까? 모래성이 없어지고 높은 언덕 위에서 지하철 공사를 하고 있었다. 지상 위로는 기차가 다니고 아래로는 수백 미터나 되어 보이는 강 밑 공사가 한창이었다. 여자가 아래를 보더니 그리로 가겠다고 했다. 그녀는 여자를 향해 다급하게 말했다.

"안돼요! 그리로 가다 기차가 오면 큰일 나요".

여자는 수백 미터나 되는 철길을 줄줄 미끄럼을 타듯이 내려가다가 모퉁이에서 기차와 몸을 부딪쳤다.

그녀는 참혹한 광경에 눈을 감았다. 그런데 여자는 전혀 다치지 않았다. 여자는 그 길을 획 돌아서 공사가 한창인 지하철 공사 위로 미끄러지듯, 자갈이 박힌 강물 위를 향해 곤두박질치며 내려가고 있었다. 그녀는 도저히 중매쟁이 여인을 따라 갈 수 없었다. 결국 중매쟁이 여자를 잃어버리고 말았다.

그녀는 지상 위를 쳐다보았다. 까마득하게 보였다. 철로 위 공사는 지상 위 다리 위에서도 하고 있었다. 도저히 길을 찾을 수 가 없었다. 기가 막혔다. 핸드폰을 두고 나왔으니 누구에게도 도움을 청할 수가 없었다. 그녀는 땀을 흘리며 다리 밑에서 기도를 했다.

"하나님! 제발 가방을 두고 온 교회를 찾게 해 주세요."

그녀는 부족한 딸을 구해 달라고, 두 손 모아 열심히 기도를 했다.

기도를 마치고, 공사 다리 아래로 택시와 트럭이 다니는 것이 보였다.

그녀는 호랑이에게 물려가도 정신만 차리면 산다는 말을 생각했다. 속으로 "주여! 성부와 성자와 성신의 이름으로 저를 구해주옵소서! 집을 찾아 갈 수 있게 해 주옵소서!"라고 다시 기도했다. 신장소리마다 걸음마다 기도로 채웠다.

어두컴컴한 공사 다리 아래는 아찔했다. 그 위로 자꾸 걸었다. 아직도 새벽은 밝아오지 않았다. 긴 다리 아래를 걸었는데 길이 막혀버렸다. 다리 밑을 내려다보자 소름

끼치도록 무서웠다. 난데없이 강물이 흐르고, 금세 쏟아질 것 만 같은 자갈더미와 모래더미가 태산을 이루고 있었다. 한 발만 잘못 디뎌도 모래 무덤 속으로 파묻힐 것만 같았다.

정신을 가다듬고, 겨우 지상 공사장 위로 올라갔다. 기차 지붕 같은 위를 오랫동안 걸었다. 저 멀리 자동차가 다니는 곳으로만 간다면 차를 타고 집에 갈 수 있을 것 같았다. 희망을 잃지 않았다. 그나마 다행히 손에는 작은 지갑을 들고 있었고 그 속에 돈이 약간 있었다.

그런데 다시 기차 지붕 위의 길이 끊어지고 말았다. 기가 막혔다. 이제 까마득한 절벽이었다. 어떤 남자 두 명이 걸어가고 있었다. 그 사람들도 황당해 하며 다시 지상 공사 쪽을 비집고 아래로 내려갔다. 그녀도 그 사람들을 따라 같이 걸었다 말은 하지 않았다.

지상철도 공사는 길고 긴 굴이 금방이라도 머리가 닿을 것 같이 비좁고 험난했다. 걸어가기가 정말 힘이 들었다. 멀리서 자동차 엔진소리가 요란하게 들렸다. 벨 소리도 들렸다.

눈을 뜨니 침대위에 누워 있었다. 정신이 번쩍 들었다. 작은 딸이 택배를 보내왔고 택배 기사가 벨을 누른 것이었다. 외국에서 보낸 예쁜 찬합과 맛있는 과자와 그녀가 좋아 하는 것을 가득 담아서 보낸 것이었다. 지난저녁 밤잠을 설친 탓에 낮 한 시에 낮잠을 잔 것이었다. 깨고 나니 살 것 같았다. 답답하고 힘든 꿈속에서 해방된 것이었다.

사람들은 종종 인간이 사는 게 꿈같은 것이라고 했다. 생각해보니 살아온 게 꿈만 같았다. 삶이 아무리 힘들어도 꿈꾸다 깨는 것처럼 새로워질 수 있다는 생각이 들었다. 그녀는 앞으로 일장춘몽은 아니더라도 좋은 꿈을 꾸게 해달라고 기도했다.

백도 가죽을 벗기다

상자 속에서 그것들이 그녀를 비웃고 있었다. 늪처럼 깔린 털을 뒤집어 쓴 채 그녀를 노려보았다. 어디 한 번 벗길 테면 벗겨봐? 하는 눈치였다. 그녀는 벌써부터 몸이 가렵기 시작했다. 그러나 그녀는 단단히 마음을 먹고 그것들이 담긴 상자를 열었다.

이걸 어쩌지? 그녀는 눈에 힘을 잔뜩 주며 그것들을 바라보았다.

그것들은 끔쩍도 하지 않았다. 그것들은 그녀 체질을 잘 알고 있었다. 그래서 태연했다.

그녀는 벌써 온 몸이 따끔따끔해 졌다. 그럴수록 그녀는 기필코 오늘 너를 먹고 말리라는 각오를 다졌다.

너의 털가죽을 홀라당 벗겨버리고 말리라. 그녀는 고무장갑을 끼고 큰 대야에 그것들을 담아 수돗가로 나갔다. 솜털이 소복한 껍질을 벗겼다.

보얀 털이 물 위에 늪처럼 둥둥 떴다.

벌에 쏘인 듯이 털에 쏘인 손등이 붉어지면서 가려웠다. 고무장갑을 끼었는데도 피부가 빨갛게 변했다. 꾹 참으며 계속하여 한 개, 두 개, 여섯 개까지 털을 벗겼다.

그것들은 더 이상 그녀를 비웃지 못했다. 껍질이 벗겨지자 꿀처럼 달콤한 흰 즙이 줄줄 흘렀다. 그녀는 흰 즙을 쭉쭉 빨아먹었다.

그때 반가운 손님이 왔다. 그녀는 기분 좋게 손님 앞에 그것들을 토막을 내어 내 놓았다. 손님이 맛있게 잘도 먹었다. 무려 세 개나 먹은 손님은 올 여름이 몹시 가물어서 백도가 참 맛있다며 칭찬을 했다. 그녀는 손님과 함께 맛있게 먹은 백도의 붉은 씨를 마당 화단에 묻었다. 그것은 내년에 싹을 틔울 것이다.

그녀는 다시 부엌으로 들어가 백도를 담았던 박스를 들여다봤다.

아직 여섯 개가 늪 같은 털을 뒤집어쓰고 누워있었다.

과일 중에 가장 달콤한 것이 복숭아이고, 복숭아 맛은 눈을 슬슬 감기게 했다. 복숭아 알레르기가 있는 그녀는 복숭아털을 무서워해 왔다. 그런데 더 이상 그 달콤한 맛을 포기할 수가 없었다. 지상에서 가장 달콤하다는 백도를 먹기 위해서는 위험을 감수해야만 했다.

상자에 남아 있는 백도는 며칠 후에 다시 껍질을 벗기기로 했다.

맛을 즐기기 위해 그녀는 또다시 고통을 무릎 쓰고 그것들에 도전할 작정이다.

위험한 추억

중학교 2학년 여름방학 때였다. 숙영은 처음으로 혼자서 언니 집에 갔다.

해가 쨍쨍 내리 쬐는 길을 걷고 또 걸었다. 빨리 언니와 조카들이 보고 싶었다. 땀을 뻘뻘 흘리며 흙먼지 길을 걸었다.

가로수 미루나무가 양쪽으로 키 자랑을 하듯이 높게 서서 내려다보고 있었다. 옛날에는 어디를 가려면 교복을 입고 외출을 했다. 작은 키에 교복에 하얀 교모를 쓰고 검은 운동화를 신고 종종 걸음을 걸었다.

매미소리가 하늘 높이 울었다. 뜨겁고 먼 길을 걷자 목이 몹시 말랐다. 엄마가 이것저것 싸준 보따리를 들고 기차역을 향해 부지런히 걸어갔다. 봉화 시내에서 소란 역에 도착했다. 벌써 디젤기관차가 서서히 움직이듯 목청껏 기적소리를 냈다. 빨리 오라는 신호였다. 기차가 뿜어내는 검은 연기가 하늘로 퍼졌다.

차표도 사기전에 기차가 떠날 것만 같았다. 숙영은 마음이 조급했다. 그때 역무원이 다가와 "학생 뭐해, 빨리 타야지."라고 했다. 숙영은 차표를 끊지 못했다고 말했다.

"그냥 타, 빨리."

역무원이 숙영의 손을 잡아끌 듯이 기차에 타게 했다. 기차가 움직였다. 몸이 휘청휘청 넘어질 것만 같았다. 겨우 몸을 바로 세웠다. 기차 안 승객들 모두 땀을 뻘뻘 흘리며 앉아 있었다. 좌석이 없었던 시절이라 모두 맨바닥에 앉아 있었다.

얼마나 갔을까, 차장 완장을 팔에 두른 역무원이 기차표

조사를 하러 다녔다. 숙영에게 빨리 타라며 끌어올려준 그 사람이었다. 그가 숙영에게도 다가와 기차표를 보자고 했다.

"아저씨, 저 차표 못 샀잖아요. 아저씨가 타라고 해서 그냥 탔잖아요."

"뭐라고? 내가 언제. 잔말 말고 열배로 물어야 해. 그냥 탔으니까."

"나는 기차에서 표를 끊으면 되는 줄 알았어요. 아저씨가 빨리 타야한다고 해서요."

"뭐, 너 안 되겠다. 학교에 신고를 해야겠어."

역무원은 숙영에게 호통을 치면서 차비를 열배로 물어내야 한다고 했다.

"아저씨가 어서 타라고 하셨잖아요."

숙영은 가진 돈이 그만큼 없었다. 그래서 아버지가 봉화군청 국장이라고 하면서 나중에 아버지께서 해결해주실 것이라고 했다. 그래도 소용이 없었다.

숙영은 그만 겁에 질리고 말았다. 가슴이 쿵쿵 뛰었다.

"아저씨, 돈 이게 전부예요."

숙영은 기차표 살 돈과 용돈 조금 있는 것을 모두 내밀었다. 역무원은 계속 안 되겠다며 학교에 신고를 하는 것이 두려우면 기관실까지 따라오라고 했다.

역무원은 기관실이 있는 기차 앞머리 쪽으로 숙영을 죄인처럼 끌고 갔다. 숙영은 학교에 연락을 하면 큰일이라는 생각으로 끌리듯이 따라갔다. 기관차 앞머리는 검은 바탕에 노랗고 붉은 줄무늬가 있어 멀리서 보면 늘 무서운 짐승 같은 생각이 들었었다. 그래도 학교에 연락을 하는 것보다는 낫다고 생각했다. 갈수록 앉아 있는 승객이 많았다. 역무원은 비좁은 승객들 틈을 요리저리 잘도 비집으며 숙영을 자꾸만 앞으로 데려갔다.

엄마가 싸준 보따리에 무엇이 들어 있는지 천근만근 무거웠다. 팔이 떨리고 힘이 빠져갔다. 숙영은 아저씨에게 다시 사정을 했다.

"제가 소란 역에서 탈 때 아저씨가 빨리, 타라고 하셨잖아요? 이 돈만 받고 나중에 우리 아버지께 받으면 안돼요?"

역무원은 귓등으로도 듣지 않은 채 숙영을 이끌고 갔다.

숙영은 기차 맨 마지막 칸에 탔기 때문에 열두 칸 십이 열차 기관실까지 가려면 한참이 걸렸다. 더욱이 비좁은 공간을 흔들리면서 가야했다. 사람들의 부채질과 땀 냄새가 기차 안에 가득했다.

그래도 숙영은 기차 머리 쪽으로 가는 시간이 더 길어지기를 바랐다. 왠지 끝까지 가면 꼭 무슨 일이 일어날 것만 같았다. 언니 집에도 가지 못할 것 같았다. 가슴이 마구 떨렸다. 역무원은 죄인을 데려가듯이 밀고 밀리면서 자꾸만 숙영을 끌었다. 그런데 누군가가 숙영을 불렀다.

"너, 어디 가는 거냐?"

낯익은 목소리였다. 깜짝 놀라 쳐다보았다. 역장 복에 금태 모자를 쓴 역장이었다.

"아저씨!"

숙영은 왈칵 눈물이 솟구쳐 올랐다. 벌써 눈에서 눈물이 흘러내렸다.

숙영이 역장을 알게 된 것은 아버지 심부름으로 서류 전달을 하는 일 때문이었다. 옛날에는 역에서 서류를 부치기도 했는데 숙영은 역장에게 군청으로 아버지 서류를 종종 부쳤었다.

"무슨 일이냐?"

그때 숙영을 끌고 가던 역무원이 역장을 향해 거수경례를 하고는 숙영의 손을 놓아버린 채 급히 사라져버리고 말았다.

숙영은 자초지종을 이야기하기 시작했다. 역장이 웃으며 걱정 말라고 했다. 역장은 숙영의 행선지를 묻고 춘양역에 내려 자기 이름을 대고 그냥가라고 했다. 그래도 숙영은 겁이 나서 "아저씨 안 돼요. 또 열배를 물으라고 하면 어떻게 해요."라고 했다. 역장은 숙영을 직접 데려다주며 안심을 시켜주었다.

숙영이 어린 마음에 매우 놀랐다는 것을 알게 된 역장은 기차를 세워놓은 채, 숙영을 철길 넘어 역 대합실까지 데려다 주고야 마음을 놓았다. 그리고는 그쪽 역무원에게 "내 동생이니 잘 좀 부탁한다."고 했다.

그렇게 어렵게 언니 집에 무사히 도착 했다. 언니에게

자초지종을 말했다. 숙영의 말을 듣고 있던 형부가 "아, 이혜영 역장이 고맙게도."라며 놀랐다. 형부는 그 역장과 사범학교 동창이라고 했다. 이혜영 역장은 그 다음부터 숙영이가 아버지의 심부름으로 그 역에 가면 더욱 반겨주셨다. 함박눈이 내리는 겨울날엔 역장 실로 숙영을 데리고 가 조개탄 난로 불에 콩도 구워 주고 찐빵도 데워주었다.

성인이 된 후 숙영은 고마운 이혜영 역장을 잊지 않았다. 한편 자신을 끌고 갔던 그 역무원의 행위에 대해서는 오래도록 의문으로 남아있었다. 그러다가 세상이 미투로 야단이 나자 아차, 하는 생각이 들었다. 만약 중간에서 역장을 만나지 않았다면, 그래서 끝까지 끌려갔다면 어떻게 되었을까? 라는 생각이 들 때마다 몸서리가 쳐졌다.

큰언니의 마음

언니는 친정집에서 아이를 낳았다. 엄마는 미역국에 쌀밥을 그릇보다 높게 퍼 담아 주면서 "장군 같은 놈이 뱃속에 들어 있었는데 그 자리만큼 채워야 한다."고 했다. 산후조리를 잘 해야 나중에 병에 걸리지 않는다며 지극정성으로 언니를 돌봐주었다.

숙영의 기억에 언니 배는 언제나 불러 있는 것만 같았다. 8남매 막내로 태어난 숙영이도 언니 젖을 먹고 자랐다. 자기 젖을 먹인 막내 동생이 자라서 중학생이 되었고, 종종 올 때마다 언니는 자식을 대하듯 했다. 언니는 객지에서 유학생활을 하는 자식이 온 것처럼 뭐라도 잘 먹이고 싶어 했다.

언니네 집 앞에 메밀묵 파는 할머니가 있었다. 언니는 메밀묵 한 모를 사다가 어린 조카 몰래 동생에게 먹이려고 방문 고리에 숟가락을 걸어놓고는 "아이들 들어오기 전에 퍼뜩 먹거레이."라며 서둘러 먹였다.

그때 숙영은 어린나이였으므로 언니가 왜 그러는지 알 수가 없었다. 결혼을 하고나서야 언니 마음을 알 수 있었다. 형부는 초등학교 교사였다. 교사 월급으로 언니는 5남매를 키워야 했다. 그 시절 교사 월급으로 일곱 식구 살기가 팍팍했다는 것을 숙영은 아이를 낳고나서야 알았다.

묵 한 모를 오랜만에 온 자식 같은 동생에게 실컷 먹이고 싶은 마음, 멀리서 언니를 찾아온 동생에게만 먹이고 싶었던 언니 마음이 항상 짠하게 숙영의 가슴을 울렸다.

언니 네는 그래도 푸성귀가 종종 들어왔다. 5일마다 장

날이 되면 학부형들이 파, 계란, 배추, 가지, 오이 등 채소를 언니 집으로 가지고 왔다. 언니는 그것을 그냥 받아먹지 않았다. 그럴 때마다 언니는 강냉이 가루로 떡을 쪄서 학부형들에게 답을 했다.

그때는 먹고 살기가 어려웠던 시절이었다. 언니는 옷도 잘 만들고 뜨개질도 잘하고 음식도 잘 하고 명주실로 수도 잘 놓았다. 금방 목단 꽃이 핀 것처럼 베갯머리 장에 곱게도 수를 놓았다 밥상보, 횟대보, 양복덮개. 책상덮개에도 수를 놓아 방안이 환했다.

숙영은 언니 집에 갈 때마다 밥상보가 제일 마음에 들었다. 참 예뻤다. 푸른 초장에 활짝 핀 이름 모를 꽃들이 피어있는 밥상보는 금방이라도 노루 사슴이 꽃을 따먹으러 나올 것만 같았다.

언니는 놀러온 동생이 집으로 돌아갈 때면 아쉬워서 예쁜 꽃무늬 천을 떠다가 재봉틀로 예쁜 원피스를 만들어 주었다. 허리띠에다, 손이 쏙들어가게 주머니까지 만들어 입혔다. 한 번은 언니의 큰딸이 의심에 찬 눈으로 "이모야,

이 옷 언제 샀어?" 라고 물어보았다. 그러자 언니는 "이모가 우리 집에 올 때부터 입고 왔지."라고 했지만 어린 조카는 믿지 않았다.

"아니야, 이모 이 옷 안 입고 왔어."

"아, 그래 맞다. 이모가 올 때 가방에 넣어 왔더라. 이모야 맞지?"

언니는 숙영에게만 옷을 만들어 주었으므로 어린 딸에게 들키지 않으려고 했다.

그런데 숙영은 눈치도 없이 옷을 가지고 오지 않았다고 했다. 그러자 언니는 "영아, 너 올 때 가져왔잖아."라고 하며 눈을 찔끔 했다. 어린 조카는 이미 엄마가 이모에게만 새 옷을 만들어 입혔다는 것을 알고 토라지고 말았다.

언니는 뜨개실로 원피스며 재킷도 떠서 입혔다. 양발도 꽃을 붙여서 세상에서 하나뿐인 양말을 만들어 신겨주었다. 숙영이 초등시절에 언니는 엄마 같았다. 머리를 감기고 머리를 곱게 빗겨 스펀지로 된 핑크색 나비꽃 핀을 꽂아주었다. 언니는 정말 엄마 같았다.

언니는 바느질 수예만 잘하는 게 아니라 학창시절 공부도 잘했다. 책도 많이 읽어 모르는 것이 없는 고급 독자였다. 숙영은 언니와 엄마를 구분하지 못할 정도로 언니를 의지했다. 언니 젖을 먹기도 했으니 그럴 것이지만 언니는 가슴으로 그녀를 사랑해 준 탓이었다.

언니가 있어 그녀는 행복했다. 사는 일이 무섭다가도 언니가 있어 안심이 되었다. 일상사의 크고 작은 일 모두를 언니에게 고했다. 기쁜 일 슬픈 일, 힘든 일 모두를 말했다. 울고 싶을 때도 웃고 싶을 때도 언니를 찾았다. 그럴 때마다 언니는 다 받아주고 다독여 주고 품어주었다.

이제 언니는 80대 나이를 먹었다. 나이보다 10년이나 아래로 보인다. 용모도 참 잘 생기셨다. 그녀는 막내로 태어나 작은 키에 몸이 약하지만 언니는 큰 키에 갸름한 얼굴에 몸도 건강하다. 그녀는 똑똑한 언니, 인자하고 유덕한 언니가 만수무강하기를 빌며 날마다 언니가 사는 하늘 쪽을 바라본다.

행복한 시간

집안분위기는 도배하기에 달렸다. 안방은 연분홍 실크 꽃 은은한 색상으로 도배를 했다. 역시 분위기가 포근하고 부드러워 보였다. 가족들이 벽지를 참 잘 골랐다고 좋아했다. 한쪽 벽에는 딸이 사다준 둥근 벽시계가 하얀 바탕에 붉은 장미꽃이 핀 것 같다. 꽃 자주빛깔 꽃시계가 그녀 마음에 쏙 들었다. 보고 또 보아도 싫증나지 않았다.

한쪽 벽을 차지한 자개장이 한국의 전통을 말해주듯 안방에 들어 앉아있다. 자개장을 보고 있노라면 그 속으로 빨려 들어가는 느낌이 들었다.

자개장에는 한국의 고전풍경이 그려져 있기 때문이다. 고래 등 같은 기와집이 마을을 이루고, 잔치 날이라 새색시가 가마를 타고 마을 어귀에 들어오고 있다. 신랑은 말을 타고 돌다리를 건너오고 있다. 가마꾼 행렬이 줄지어 뒤 따라온다.

마당에는 동네사람들이 멍석을 깔고 잔치준비에 한창이다. 냇가에는 오리들이 떼 지어 목을 길게 늘이고는 잔치구경을 한다. 한편 사공은 배를 몰고 사람들을 실어 나르고, 물레방아는 쉼 없이 돌아간다.

뒤뜰엔 물 펌프질하는 아낙들이 분주히 무엇을 씻고 있다. 마당 한쪽에는 흥겹게 술잔을 기울이며 박장대소 하는 사람들, 소나무는 마을 어귀에서부터 군데군데 그늘을 만들어 시원하게 보인다. 간간히 초가 지붕위에는 둥실둥실한 박들이 보름달 같은 둥근 몸을 자랑하고 있다. 하늘에는 공작새가 날아가고 아기 업은 아낙들은 신이 나 덩실덩실 춤을 춘다.

꽹과리 치는 소리가 요란하다. 자개장 잔치는 매일매일

흥겹다.

그런데 그녀가 자개장에 기대앉아 책을 읽을 때는 모두가 조용해진다.

그녀는 언제나 자개장에 기대고 책을 읽는다. 그녀는 책을 읽다가 피곤해 시계를 보았다. 시간이 얼마나 흘렀는지 시계를 보았지만 시간은 그대로 있었다. 책 한 권을 다 읽어가는 데 눈과 허리가 뒤틀리는데 시간은 그대로였다. 타이머신을 탄 기분이었다. 신기했다.

벽시계는 일초도 쉬지 않고 매일 그녀를 깨워 주었다. 고마움을 한 번도 고마움으로 여겨지지 않았다. 그래서 장미시계가 화가 난 걸까? 하고 그녀는 생각했다. 작은 의자를 가져와 시계를 내렸다. 시계머리 위에 먼지가 소복이 앉아 있었다. 이, 먼지 때문에 숨을 쉬지 못해 기절을 한 것일까? 분침만 조금씩 벌벌 떨며 기진맥진한 상태였다. 밥을 먹이지 못 해 생병이 난 것이었다.

그녀는 미안해서 빈 밥그릇을 빼고 밥이 가득담긴 건전지를 넣어주었다. 시계는 기사회생이 되어 다시 돌기 시작했다. 그런데 똑딱거리는 소리가 시끄러워 그녀는 책을 읽을 수가 없었다. 다시 시계를 내려 시계추를 뽑아버렸다. 그러자 시침, 분침, 초침이 소리 없이 제 갈 길을 가는 것이었다. 비로소 조용히 책을 읽을 수가 있어 좋았다. 뿌옇게 동이 틀 때까지 그녀는 책에 빠져들었다.

그녀는 책을 읽을 때면 자개장에 기대어 읽는다. 한겨울 따뜻한 방에 앉아 자개장에 기대어 읽으면서 세상에서 가장 행복한 사람이 된다.

그때 그 시절에는

1

학교 가는 길에 늘 영제의원 병원 앞을 지나갔다. 병원 소독 냄새가 코를 찔렀다. 왠지 병원 앞을 지나 갈 때마다 엄숙해 졌다.

환자들의 신음소리가 들린 탓이었다. 그럴 때마다 인간과 생명에 대해 생각하는 버릇이 생겼다.

병원 마당에는 봄이면 등꽃이 무리를 이루고 병정처럼

주시하고 있었다.

등꽃 송이송이 마다 지나가는 사람들을 또렷이 보고 있는 것만 같았다.

등나무가 서로 엉키고 설켜 뿌리가 더덕더덕 거북이 등처럼 군살이 많이도 붙었다. 등나무 줄기는 팔뚝보다 크게 서로 꼬여서 칭칭 감아올려 정글처럼 하늘이 보이지 않았다.

입원실 창가에도 등꽃이 포도송이처럼 주렁주렁 내려와 환자를 지키고 있었다. 그때는 위생환경이 열악해 학교에서 회충약을 먹였다.

손톱, 발톱, 검사도 했다. 심지어는 치아까지 검사를 하던 시절이다.

그녀는 병원에서 근무했다. 병원 문을 닫으려는 늦은 오후, 배가 아파 데굴데굴 구를 지경인 남학생을 그의 아버지가 업고 왔다. 여러 날 배가 아파서 못 견디자 하는 수없이 병원을 찾아 온 것이었다.

남학생 배가 불룩거렸다 김동수 원장이 수술을 했다. 뱃속에서 굵고 가는 회충이 수없이 나왔다. 밖에 나온 회충은 살아서 꿈틀거렸다. 사람의 몸속에서 어떻게 그런 징그러운 회충이 살고 있는지. 끔찍했다. 얼굴빛이 백지장처럼 하얀 환자는 죽은 듯이 링거 병에 의지하면서 누워 있다가 일주일 만에 퇴원을 했다.

2

가을비가 내리던 날이었다. 배가 만삭이 된 부부가 병원에 왔다.

한복을 입은 아주머니는 배가 태산 같아서 뒤뚱거리며 겨우 걸어왔다.

배는 자꾸 불러지는데 아이가 뱃속에서 태동이 없다고 했다.

그런데 배가 아프다고 했다.

병원 원장이 내진을 하고 검사한 결과 임신이 아니라고 했다.

그러면서 원장은 수술을 해야 한다고 했다. 임신이 아니라 자궁에 혹이 자라 배가 부른 것이라고 했다. 부부는 수술을 하기로 결정했다.

수술이 잘되었다. 자궁 혹은 거짓말을 좀 보태면 축구공만 했다.

생명이 없는 자궁 혹은 신경세포가 살아 있어서 붉은 피를 뒤집어쓰고 흔들거리고 있었다. 배가 푹 꺼진 환자는 기진맥진 누워있는데, 남편은 아이가 아니란 것에 실망하고 말았다. 아내가 죽느냐 사느냐하는데, 남편은 자식 생각에 빠져있었다. 아내는 힘이 더 빠지는 것 같았다.

여자는 죄인처럼 미안하다는 말을 되풀이 했다. 그때만 해도 여자는 힘이 없고 남자들이 큰소리치며 여자가 아이를 못 낳으면 여자책임으로 돌리던 시절이었다. 남자는 아내가 살아준 것은 생각하지 않은 채 자꾸 서운해 하며 여자를 탓하고 여자는 펑펑 울면서 퇴원했다. 그 시절 여자는 그랬다.

그리운 풍경

사월이다. 대지 위에 푸른 새싹들이 돋아난다. 제법 바람에 살랑이듯 길게 돋아나고 있었다. 실개천에 얼었던 얼음이 풀려 졸졸졸 봄노래를 한다. 붉은 황토 빛 사래 긴 밭은 소 쟁기질이 바빠졌다. 철없는 송아지가 양지쪽 텃밭을 마음껏 뛰어 다닌다.

울타리로 둘러쳐진 이웃집 텃밭에 마늘, 파, 정구지가 한창 올라오고 있는데 철없는 송아지가 남의 밭을 망치며 뛰어 다녔다. 옛날 말에 자식 키운 집과 짐승키운 집은 남의 집 흉을 봐선 안 된다는 말이 있다. 자기 자식이나 자기 집 짐승이 남에게 어떤 민폐를 끼칠지 모른 탓이다.

송아지 주인은 여간 미안한 것이 아니었다. 어미 소는 주인보다 더 마음이 조여 왔다. 어린 송아지가 밭주인에게 매를 맞지는 않을지 걱정이 되어 어미 소는 중간 중간 크게 송아지를 부른다.

"우---우,"

송아지는 어미의 울음소리에 더 신이 나서 뛰어 다녔다. 어린 송아지는 아직 목 끈을 할 수도 없다. 밭갈이 하는 어미 소 뒤를 졸졸 따라 다니다 걸핏하면 달아났다. 밭갈이 하는 농부는 밭만 갈뿐이다.

어미 소는 송아지가 멀리 가지 않는다는 걸 알기 때문에 묵묵히 일을 한다.

송아지는 제멋대로 뛰어 놀지만 어미가 보이지 않으면 금세 찾아왔다.

어미 소는 다시 목청 크게 새끼를 부른다.

"우---우,"

송아지가 꼬리를 하늘로 치켜 올리며 뛰어와 어미에게 안긴다.

어미 소는 긴 혀로 송아지 털을 핥아 준다. 송아지는 행복하게 눈을 슬슬 감으며 젖을 먹는다.

젖을 배부르게 먹고 난 송아지에게 어미 소가 가르친다.

"아지야, 남의 밭에 함부로 들어가면 안 돼. 주인에게 들키는 날에는 다리가 부러질 수도 있어."

그러면서 넌 귀한 한우니까 점 하나 없는 순 누렁이 족보를 가진 혈통을 생각해서 점잖아야 한다고 이른다.

송아지는 큰 눈을 껌벅이며 잘 알아들었다는 표시를 한다.

송아지는 어미 품에 들어가 다시 젖을 먹고 어미 옆에 누워 꾸벅꾸벅 존다. 누렁이 엄마소도 밭갈이 하느라 피곤하여 곧 잠이 든다.

옛날에 흔히 본 풍경이다. 어미 소와 송아지가 함께 살아가는 모습은 알 수 없는 평화를 안겨주었다. 이제는 '한우'하면 먹는 것을 먼저 생각하는 시대다. 밭은 경운기에게 맡겨버린 지 오래, 한우는 오히려 슬픈 운명을 맞이한 것이다. 어느 날 도살장으로 끌려가는 한우들의 눈망울 본

적이 있었다. 그들은 자기네 조상들이 평생 밭갈이를 하면서 살았다는 전설을 아는지 모르는지 커다란 눈만 끔뻑일 뿐이었다.

봄의 소나타

그녀는 무심히 밖을 바라보고 있다. 아직 녹지 않은 얼음덩이를 안고 봄이 오는 세상을 바라본다. 이른 봄날, 초가지붕처마에서 고드름이 녹아내리고 있다. 녹아내린 고드름이 점점 가늘어진다. 가늘어질수록 고드름이 수정처럼 투명하게 빛나면서 마지막을 고한다.

봄바람이 논둑길로 달려가면서 바싹 마른 버들강아지 꽃대를 흔들어 깨운다. 버들강아지 복슬복슬 회색 빛 털옷을 입고 검은 눈동자를 반쯤 뜨고 봄바람에 흔들거린다.

종달새가 포르르 날아와 논둑길로 종종종 두 발로 뛰며 버들강아지를 똑똑 따먹는다. 종달새 노랫소리에 여기저기서 새들이 모여든다.

입맛이 까다로운 친구가 고개를 갸웃거리며 나뭇가지에 포르르 날아올라 앉아 "이건 애벌레가 아니야, 이건 버들강아지 맛이야, 굼벵이 애벌레는 정말 아니야"라고 고개를 흔든다.

대롱대롱 매달린 버들강아지가 봄바람을 타며 흔들거리고, 나뭇가지에 앉은 종달새가 아기 요람을 탄 것처럼 봄볕에 깃털을 고르며 잠이 든다.

바람은 토담집 마당으로 달려간다. 옥매화 수백 송이가 피어 합창을 한다. 봄바람이 고운 꽃잎마다 휘감아 아롱아롱 향기를 피운다.

바람은 들판으로 달려간다. 잠에서 아직 덜 깨어난 참꽃, 산들바람이 흔들어 깨우고 바람은 민들레꽃 노랗게 피워준다. 달래, 냉이, 씀바귀도 흔들어 깨워준다.

바람은 산 중턱에 앉아 진달래꽃을 살랑살랑 흔들어주며 놀다가 양지쪽 잔디밭에 포근히 누워있는 할미꽃으로 달려간다. 햇살에 눈이 부신 할미꽃 빨간 입술이 부끄러워 고개를 푹 숙인다. 바람은 할미꽃 얼굴이 보고 싶어 요리조리 간지럼을 먹이다가 안 되자 다른 곳으로 자리를 옮긴다.

봄비가 내리고, 솔잎이 뾰족이 새순이 돋아나고, 솔향기가 펴질 때쯤 종달새들 날개 짓이 바쁘더니 소나무 굴피 속에 든 벌레잡이에 한창이다.

그녀는 세상을 정성들여 바라본다. 점점 그녀 얼굴에 화색이 돈다. 세상에는 희망의 노래가 하늘 가득 울려 퍼지고, 봄이 그녀에게 새 생명을 불어 넣어준다.

그녀는 이제부터 자신의 이름을 봄으로 짓고 싶어 하늘을 우러러 본다.

하늘 창가에서 누군가 보내준 노래가 들려온다. 그녀는 그만 눈물을 흘리고 만다.

추녀 끝 고드름이 녹아내리듯이 그녀 가슴속에 묻혀있는 바위 같은 얼음덩이가 녹아내린다. 새로 태어난 봄의 이름으로 희망의 이름으로 감사의 눈물로 녹아내린다.

| 해설 평 |

또 하나 능선을 넘는 열정의 힘

박 정 선

(소설가, 문학평론가)

1

만물의 근원은 수에서 출발한다는 피타고라스의 명언이 있다면, 만물은 이야기에서 출발한다고 해야 한다. 피타고라스의 수數가 인류의 모형을 형성해 왔다면 인류는 일찌이 시대를 불문하고 스토리로 이어져왔기 때문이다. 스토리는 당연히 입으로 펜으로 말하여지는 것으로써 감정의 행위를 수반한다.

그리고 언제부턴가 우리 사회는 스토리텔링이라는 장르가 유행처럼 번지기 시작하면서 모든 문화를 석권했다. 본래 문학에서 비롯된 스토리텔링은 문학을 뛰어 넘어 영화, 미술, 사진 등 모든 예술을 점거했다. 또한 과학, 수학, 의학, 교육방법, 종교 등 인문학에 적용될 뿐만 아니라 상품 마케팅 전략과 컴퓨터게임 등에서도 중심을 이루고 있다.

그런데 현대사회가 말하는 스토리텔링이란 무엇일까? 스토리텔링은 말 그대로 이야기라는 의미의 스토리(story)와 말하기의 텔링(telling)의 합성어이다. 인간이 중심인 세상의 모든 것에는 이야기가 있게 마련이다. 심지어 돌멩이 쇠붙이도 이야기를 지닌다. 생물이든 무생물이든, 유동이든 부동이든 사물이 이야기를 갖게 된 것은 당연히 인간이 그것과 관련이 되기 때문이다. 새로 입학한 학생에게 주어진 책상은 그 학생과 함께 학교생활이 시작되면서 이야기를 갖게 된다. 그래서 불행한 일로 책상이 주인을 잃었을 때 그 책상은 주인을 잃어버린 슬픈 상징(흰 국화)과 함께 이야기를 갖게 된다. 세상의 모든 건물도 집안의 모든 물건들도 같은 맥락을 취한다. 내가 살아가는 집과 내가 근무하는 건물과 그 속에서 일어나는 모든 것들, 날마다 식사를 하는 식기들이며 침구, 가구들도 인간과의 관계 속에서 이야기를 잉태하게 되는 것이다.

따라서 문학 외에 모든 예술은 말할 것도 없거니와 상품 마케팅도 이야기가 없는 광고는 소비자에게 각인되지 못한다. 이야기는 인간에게 감동을 주기에 알맞고 설득력과 호소력을 발휘하는데 가장 훌륭한 수단인 탓이다. 공부를 하기 싫어하는 아이들도 이야기에는 몰입하는 현상을 보인다. 기력이 없는 환자들도 이야기를 들을 때는 생기가 도는 것을 볼 수 있다. 마찬가지로 수학을 어려워하는 학생들에게 수학에 관련된 이야기를 들려준다면 수학에 대한 인식과 접근이 달라질 수 있다.

이와 같은 스토리텔링은 문학적 범주에서 정의하자면 소설과 수필의 중간쯤이라고 할 수 있다. 이야기는 소설과 비슷하지만 소설과는 구성과 분량이 전혀 다르다. 소설은 구체적이고 치밀한 플롯에 따라 서사가 전개되어야 한다. 그러나 스토리텔링은 있는 그대로 이야기만 하면 된다. 설사 구성이 있다하더라도 단순해야 한다. 그런 면에서는 수필과 단편의 중간적 성격을 취한다고 볼 수 있다. 분량은 제한이 없다. 수필보다 많을 수도 있고 적을 수도 있다. 그러나 스토리텔링은 이야기의 핵심을 고도로 응축해야 하는 기교를 필요로 한다.

2

권영숙 시인이 이번에는 스토리텔링 집을 내놓았다. 벌써 아홉 번째 책을 낸 것이다. 지금의 성과를 올린 것은 삶 자체를 오로지 글 쓰는 일에 매진한 탓이다.

권영숙이 오로지 글 쓰는 일로 삶이 변화된 데는 사연이 있다. 대학 졸업 후 사회생활을 하던 딸을 불의의 사고로 잃었다. 그리고 십 년 동안 주변사람들에게 그 사실을 말하지 못했다. 말 못한 채 보낸 시간이 무려 10년 세월이었다. 그리고 10년 째 되던 해에 딸에 대한 그리움과 슬픔을 고백하는 시집 『어미새』를 출간했다. 그동안 주변사람들에게 차마 말하지 못한 심정을 글을 통해 고백한 것이다. 그의 고백은 참으로 처절했고, 딸에 대한 죄책감과 그리움은 뼈를 깎는 고통이었다. 한 신문에서 기사로 크게 다루었다. 그러자 SBS, MBC, KBS 3사 방송사에서 취재를 하려고 줄지어 필자에게 연락을 해왔다(신문기자에게 내용을 필자가 제공했으므로 각 방송사에서 필자에게 연락을 한 것) 그런데 권영숙이 손사래를 쳤다. 방송사 기자들은 포기하지 않고 계속 필자에게 그녀를 설득시켜달라고 부탁했다. 그렇게 하겠노라고 약속을 했는데, 다음날 세월호 침몰 속보가 터졌다.

권영숙은 그렇게 창작생활이 시작되었다. 말하자면 기독교를 신앙함에 있어 체험과 비체험이 있듯이 시인이라는 고급 예술인이 되기 위해서가 아니라 하나님의 뜻으로, 혹은 운명적으로 시인이 되었다고 할 수 있다. 물론 타고난 재능이 없다면 하나님 뜻도 운명도 통할 수가 없다. 그렇게 창작생활을 하면서 줄지어 시집을 출간했다. 자전소설도 냈다. 그만하면 스토리텔링을 쓸 만한 경력과 충분한 역량을 갖추었다할 것이다.

권영숙은 평소에도 말을 할 때면 표현이 매우 적극적이고 감정적이다. 때문에 말이 입체적으로 상대에게 전달된다. 이번에 출간한『꽃은 恨을 먹고 핀다』역시 마찬가지로 감정이 매우 극적으로 드러나 있다.「한 많은 여인」을 비롯하여 22편이 수록된 작품집은 본인의 삶을 이야기하는 것부터 시작히어 해방전후 한국사회의 절박한 풍경이 있는가 하면, 부정적으로 변해가는 사회상이 있다. 그리고 해방 이후까지도 남성중심의 가부장제에서 남성을 우위에 두고 여성을 누르는 반 페미니즘의 사회, 즉 여성들이 아들을 낳지 못해 핍박받는 피폐한 삶을 묘사한다.

3

작품은 크게 세 가지 형태로 분류된다. 시대적인 측면, 사회적인 문제, 그리고 자신을 모티브로 하는 것으로 분류된다. 먼저 표제작을 상징하는 「한 많은 여인들」은 말 그대로 우리나라가 일제강점기를 벗어나자마자 한국전쟁을 겪었던 시점을 주제로 한다. 이 이야기는 다중구조를 취하고 있다. 처음에는 전쟁이 끝나고 국토가 폐허가 된 상태에서 도목리 여자들이 하루하루 삶을 꾸려가는 애환을 그리고 있다. 두 번째는 도목 댁이라는 중년 여성을 중심으로 어려운 가운데서도 도목 댁은 일제강점기 때 고등학교를 졸업했으므로 주변의 다른 주부들과 지식 측면에서 변별성을 지닌다. 따라서 자기가 가진 지식을 주변 여자들을 위해 아낌없이 사용하는 매우 인도적인 태도를 보여준다. 세 번째 이야기는 도목 댁의 딸이 어머니 도목 댁의 정신을 이어받는 이야기이다. 도목 댁은 선을 베풀었고 그의 딸은 어머니의 선에 대한 보답을 받은 것처럼 사회적으로 성공한 인물이 된다.

「뻔뻔한 부자」는 성폭력에 대한 이야기로 문제적이다. 당시는 성에 대한 개념이 전무한 상태에서 여성을 성폭력

하고도 전혀 죄책감조차 갖지 않는 부도덕한 남자들의 의식을 묘사한다. 시골에서 도시 친척집에 살러온 어린 처녀를 이웃집 아버지와 아들이 교대로 성폭력을 하게 된다. 더욱이 놀라운 것은 아버지와 아들이 서로의 행위를 알게 되지만 양심의 가책을 전혀 갖지 않는다는 사실이다. 따라서 이 작품은 당시 여성들이 먹고 살아가는 문제뿐만 아니라 성적인 문제에 있어서도 얼마나 불리한 처지에 놓여 있었는가를 보여준다. 현대적으로 미투와 관련하여 인간의 인권문제에 관심을 보인 작품이라고 할 수 있다.

「볼펜과 시인」은 볼펜과 시인의 만남에 대한 이야기로서, 역시 흔치 않는 이야기다. 시인은 어느 날 길에 굴러다니는 볼펜 한 자루를 주웠을 뿐이다. 그것을 가지고 이야기를 꾸민다는 것은 보편적으로 쉽사리 생각하는 일이 못된다. 그러니까 길바닥에 구르는 볼펜 하나 주운 게 무슨 대수란 말인가. 그런데 권영숙은 볼펜을 의인화하여 시인과의 만남을 곡진하도록 이끌어간다. 마치 우여곡절 끝에 만난 연인처럼 둘은 서로 일심동체가 되어가는 과정을 감칠맛 나게 그리고 있는데, 이는 곧 시인 자신의 심정을 볼펜이라는 사물을 통해 보여준 것이다.

사람들은 입으로는 말을 하고 펜으로는 글을 쓰며 살아

간다. 하고 싶은 말 다할 수 없을 때 사람들은 글로 쓰기를 원한다. 말은 할 때뿐, 휘발유처럼 어디론가 날아가 버리면 그만이다. 글은 일부러 없애버리지 않는 이상 영원히 남는다. 그래서 할 수만 있다면 자기 이야기나 하고 싶은 말을 글로 남기기를 원한다.

다음으로 자신을 모티브로 한 작품 가운데 대표작은 「가슴이 아파도」를 꼽을 수 있다. 제목이 말해 준대로 이 작품은 어머니와 딸의 일시적인 갈등을 통해 인간의 한계를 묘사하고 있다. 서울에 사는 딸에게 간 어머니는 사소한 일로 딸과 의견충돌이 생기게 된다. 서로의 주장이 엇갈린 문제를 두고 어머니는 그만 딸의 아파트를 나오고 만다. 한여름 땡볕 아래 낯선 서울에서 어디로 가야하는지 전혀 알지 못한 채 부산으로 내려오는 과정의 고생을 그린 것이다.

결국에는 후회하지만 여기서 보여준 것은 인간은 부모자식 간이라도 자아의 세계를 벗어나기가 어렵다는 것을 발견할 수 있다. 그러니까 이 작품은 인간의 자아에 대한 애착과 어떤 경우에도 인간은 자기 자신을 양보할 수 없다는 것과 개인의 절대성을 가감 없이 드러낸다. 그러나 어머니는 어쩔 수 없는 어머니일 수밖에 없다. 딸의 전화를 받고 반가움을 이기지 못한 것이 그것이다.

따라서 자식에 대한 어머니의 사랑은 끝없이 이어지고 「부모와 자식」 역시 딸에 대한 사랑의 연속이다. 이번에는 큰딸이 둘째 아이를 출산하는 과정에서, 할머니로서 큰 손자를 봐줘야 한다. 병원으로 아이를 출산하러간 딸은 진통을 하고 있는데, 어머니는 손자를 보면서 출산하는 딸 걱정으로 가득하고 딸은 진통을 하는 고통 속에서도 어머니에게 맡겨놓은 큰아이 걱정이 가득하다. 자식 사랑은 그렇게 물처럼 내리 흘러가는 현상을 보여준다.

이 외에 열쇠를 이웃집에 맡겨놓고 살아가는 이야기(「이웃집에 맡겨진 열쇠」), 깨진 사기그릇 조각이 몸속에 박힌 채 몇 달을 살아간 삶의 애환을 담은 이야기(「흉터와 눈물」), 객지에서 직장생활을 하는 남편과 집을 오가며 아이들을 키우고 남편을 수발했던 고달픈 이야기(「하얀 해바라기」), 소로 밭을 갈며 살았던 시골 풍경을 그린 전원풍경에 대한 추억(「그리운 풍경」), 막내로 테어나 결혼한 맏언니 젖을 먹고 자란 엄마 같은 언니에 대한 이야기(「큰언니의 마음」), 기차를 타고 가면서 들은 어떤 할머니의 신세한탄을 들어주는 이야기(「동변상련」), 중학교 2학년 여름방학 때 엄마 같은 큰언니 집을 처음 찾아갈 때 기차에서 겪었던 위험한 이야기(「위험한 추억」), 그리고 가문을 위하여 벌이는 시대극 같은 이야기(「가문을 위하여」) 등이 돋보인다.

특히 「가문을 위하여」는 조선 중기에 유행한 공명첩과 납속책의 제도에 의해 졸부들이 양반가문으로 또는 벼슬을 얻어 신분세탁을 하는 풍조와 일맥상통한 이야기이다. 족보가 없는 어떤 부자가 뼈대 있는 가문을 만들기 위해 굴속에서 얻어먹고 살아가는 거지 할아버지를 데려다 아버지로 삼은 이야기이다. 거지 할아버지가 전주 이 씨였기 때문인데 이는 가문을 생명 이상으로 여기는 조선의 신분사회를 잘 보여준다. 이 이야기는 「도목리 여자들」 다음으로 긴 작품으로 1, 2부를 형성하고 있다.

1부에서는 굴에서 살아가는 남자가 부잣집의 아버지가 되는 과정을 그렸고, 2부는 부잣집에서 이 남자를 통해 대를 잇기 위해 25세 처녀와 결혼을 시키는 과정을 이야기하고 있다. 전체적 흐름은 시대극으로 오영진의 『맹진사댁 잔칫날』을 연상케 한다.

그리고 자신을 중심으로 하는 「도전」은 알레르기를 일으킬 수 있는 복숭아에 대한 도전이다. 수밀도의 고운 색깔을 자랑하는 복숭아는 늪처럼 깔린 털을 가지고 있고, 그것은 알레르기 체질을 가진 사람은 감히 먹을 생각을 하지 못하는 과일이다. 화자는 어느 날 복숭아를 상자 째로 두고 과감하게 먹기에 도전한다. 그리고 먹기에 성공하는 이야기를 다루었다. 이런 이야기 역시 흔한 소재이며 글로 쓴다는 것 자체가 특이하다.

4

권영숙의 글에는 꿈에 대한 이야기가 두 편이나 있는데, 꿈에 대한 이야기를 마치 극 이야기처럼 서술한 것은 매우 흥미로운 일이 아닐 수 없다. 「아침밥을 두 번 먹는 남자」와 「낮잠과 꿈」이 그것이다. 꿈에 대한 묘사라면 조선 초반에 안견이 그린 「몽유도원도」가 유명하다. 세종대왕의 셋째 아들 안평대군이 꾼 꿈을 당대 최고의 화가 안견이 그린 작품으로 조선시대의 걸작으로 손꼽힌다. 꿈을 글로 묘사한다는 것은 흥미로운 일이다. 일반적으로 꿈을 꾸면 마치 꿈처럼 사라지게 마련이다.

그런데 권영숙은 그것을 잊지도 않고 버리지도 않고 생생하게 재현한 특이함을 보인다. 인간은 잠을 자면서 꿈을 꾸게 된다. 그러니까 잠을 자면서 마치 영화를 보듯이 자신의 행위를 보는 것을 꿈이라고 지칭한다. 꿈에 대한 최초 이론가 프로이트는 꿈을 정신분석학적으로 과거에 대한 반영이라고 풀이했다. 인간의 과거 체험이 무의식 층에 잠재되어 있다가 어느 날 밤 꿈에 부유물처럼 상층으로 떠오른 현상이라는 것이다. 그런가하면 심리학자 융은 꿈을 사람들이 앞으로의 일을 상징하는 예시적인 측면으로 해석하는 것에 동의한다. 과거에 대한 반영이든 예시적이든 꿈은 생각할수록 오묘하기 짝이 없는 일이다. 그러나 분명한 것은 사람은 잠을 자면서도 계속 정신활동을 한다는 사실이다.

작품 「아침밥을 두 번 먹는 남자」는 집이 불타는 꿈이다. 프로이트 식으로 해석하자면 화자는 과거에 불타는 것을 체험했을 것이며 그로 인하여 충격을 받았을 것으로 짐작할 수 있다. 또는 반드시 불이 아니더라도 그에 상응하는 어떤 충격적인 상황을 경험했을 수 있다. 또한 융식으로 해석하자면 앞으로 상서로운 일이 일어날 것을 상징한다고 볼 수 있다. 왜냐하면 우리나라 사람들은 일반적으로 꿈을 반대로 해석하는 관습이 있기 때문이다. 예를 든다면 꿈에 홍수나 화재가 났을 경우 재물이 홍수처럼 불길처럼 일어날 징조로 보기 때문이다. 따라서 그것은 새로운 길을 암시한다고 볼 수 있다.

「낮잠과 꿈」은 화자(나)가 중매쟁이라는 여자를 따라 어디론가 끝없이 걸어가는 전진을 보여준다. 그것은 끝없는 인간의 운명 탓인지도 모른다. 현재를 뛰어 넘어 계속 살아야 한다는 영원성을 상징한다. 그것은 화자가 크리스천이라는 것과 부합한다. 기독교는 부활과 영생을 교리로 삼고 있기 때문이며 그것은 하늘이 무너져도 변할 수 없는 신학적 근거이기 때문이다. 중매쟁이 여자는 일종의 인도자로서의 상징성을 가진다.

사회성이 짙은 작품 가운데 「그리운 풍경」에는 고향의 모습이 마치 한 폭의 그림처럼 그려져 있다. 권영숙의 기억 속에 잠재되어 있는 고향은, 바람이 불면 누워있던 풀들이 일어서듯이 감정의 상태에 따라 그것들이 일어선다. 즉 과거의 경험이 내면 깊숙이 묻혀있던 무의식의 덩어리가 마치 꿈처럼 상층으로 떠올라 부유하는 것이다.

꿈을 생각해보자. 언제나 자기 자신이 중심에 있게 마련이며 중심에서 어떤 상황을 겪거나 바라보는 관찰자가 되는 것이다. 알게 모르게 자신이 체험한 것들이 무의식으로 가라앉아 있다가 어떤 자극에 의해 떠오른 것이라는 프로이트의 주장을 믿을만하다.

인간은 태어나는 순간부터 체험으로 들어간다. 그리고 나날이 시시각각 체험한 모든 것이 자신의 뇌라는 하드디스크에 내장되게 마련이다. 그리고 그것들은 서로 이모저모로 만나면서, 만나서 이모저모로 조합되면서 인간의 인성과 사고를 만들어 가는데 조력하게 된다. 그러므로 사람은 할 수만 있다면 좋은 것을 많이 보고 체험하기를 원한다. 또한 좋은 생각을 많이 하기 위해 양서를 읽고 배워야 하는 것이다.

세상의 모든 것에는 필연적으로 이야기가 내재되어 있다. 세상의 모든 것이라는 것은 생물과 무생물은 물론이거니와 유형, 무형의 모든 것, 유동, 부동의 모든 것을 포함한다. 따라서 스토리텔링은 한마디로 인간이 살아가는 데 필요한 모든 것이라고 해야 한다. 따라서 스토리텔링을 하는 데는 따로 전문가가 필요 없다. 누구나 이야기는 할 수 있다. 문제는 이야기를 어떻게 하느냐하는 방법론이다. 함축적으로 상대를 설득시킬 수 있어야 한다. 그것을 감동, 공감, 동의라고 말한다.

그리고 「봄의 소나타」는 권영숙에게 무엇을 의미할까? 먼저 봄은 일 년 중 가장 아름다운 계절이다. 심신이 모두 감미롭고 평온하며 감동을 느끼기에 충분한 시간을 제공

한다. 산천은 푸름으로 생동하며 하늘은 끝없이 포근하다. 이것은 희망을 상징한다. 작품의 주인공 그녀는 "세상을 정성들여 바라본다. 점점 그녀 얼굴에 화색이 돈다."에서 보여 주듯이 그녀는 봄을 바라보며 새롭게 희망을 꿈꾸게 된다. 따라서 자전적인 이 작품에서 발견하게 된 것은 '그녀'는 깊은 트라우마를 안고 있으며 봄을 통해 치유를 받는 심리를 보여준다 할 것이다. 그리고 끝내 추녀 끝에 맺혀있는 고드름이 봄을 맞아 녹아내리듯이 그녀의 상처도 봄과 함께 녹아내리며 이로 인하여 새로 태어난 감사의 눈물을 흘린다는 고백을 한 것이다. 이 작품이 중요성을 띤 것은 바로 여기에 있다. 상처는 타자로부터 치유 받는 것이 아니라 스스로 치유하는 것이라는 철학을 보여준 것이다. 봄에 새로운 이름을 짓는 다는 것은 그야말로 새로운 탄생이며 새로운 시작이기 때문이다.

권영숙은 사실 일곱 권의 시집을 낸 시인이다. 그러나 이 작품집을 통해 이야기를 끌어가는 능력을 보여주었다. 더욱이 이 책에서 보여준 이야기는 우리 주변에서 볼 수 있는 평범한 내용이 대부분을 차지하고 있다. 평범한 것은 쉽게 잊어버리게 되고 무시되기 마련이다. 그런데 권영숙은 일상사를 수를 놓듯이 하나하나 놓치지 않고 수집하는 성격을 보인다. 글을 쓰는 태도는 거기서부터 출발한다. 작은 것을 놓치지 않는 것은 삶에 대한 관심이다. 그것은 삶에 대한 의지로 이어지는 매우 중요한 정신적인 작용을 함의한다. 만약 그녀에게 청춘시절부터 글을 쓰는 여건이 주어졌더라면 상당한 성과를 냈을 것이라는 추측은 어렵지 않게 할 수 있다. 그런데 세상일이란 항상 그런 아쉬움을 내포하게 마련이다. 그래서 그런 불리한 조건아래 이루어낸 업적이 더욱 값진 것이다. 앞으로도 권영숙의 도전은 쉬지 않고 이어지리라 예상한다. 더욱 더 정진하여 갈수록 좋은 작품을 창작하길 기대한다.

꽃은 한을 먹고 핀다

초판1쇄 발행 2020년 1월 5일

지은이 권영숙
펴낸이 이길안
펴낸곳 세종출판사

주소 부산광역시 중구 흑교로 71번길 12 (보수동2가)
전화 051－463－5898, 253－2213~5
팩스 051－248－4880
전자우편 sjpl@chol.com
출판등록 제02-01-96

ISBN 979-11-5979-325-7 03810

정가 13,000원

이 도서의 국립중앙도서관 출판예정도서목록(CIP)은 서지정보유통지원시스템 홈페이지(http://seoji.nl.go.kr)와 국가자료공동목록시스템(http://www.nl.go.kr/kolisnet)에서 이용하실 수 있습니다. (CIP제어번호: CIP2019050647)